不確実な未来を生き抜くための「経済史」

増田悦佐

はじめに

この原稿を書き上げた2015年5月中旬ほど、やせ細る一方の実体経済と活況を呈する金融市場とのかい離が拡大した時代はありませんでした。その意味では、現代経済は非常に不確実性の高い時期に差しかかっていると言えるでしょう。ただひとつ確実なのは、いずれ実体経済とかけ離れた高値に舞い上がっている株価や債券価格が下がるだろうということです。しかし、それがいつ、どのくらい深刻な下げになるのかは、分かりません。

いったいどういう理由で、世界経済は現在のような袋小路に落ちこんでしまったのでしょうか。この本は、目一杯大きな視野から世界と日本の経済史を振り返りながら、いつ噴火してもおかしくない火山の火口そばまで読者のみなさんをご案内しようと思って書きました。それだけではなく、噴火が収まったあとの日本経済の立ち位置は、意外なほど明るいことも書いてあります。

第1章では、日本人の経済感覚のユニークさを、約1万年にわたって未開以上、文明未満という縄文時代にとどまった歴史の中に探るところから説き起こして、世界経済が誕生したのは、西欧諸国がほかの文明圏を軍事的に征服したからだという結論に達します。

第2章では、16世紀以降の世界経済は、インフレと戦争の世紀と、デフレと平和の世紀が交替してきたこと、そして、21世紀は日本人の真価が発揮しやすいデフレと平和の世紀になることを指摘します。

第3章では、偉大な経済学説の変遷を追って、やっぱり現代の経済学者たちはアダム・スミスの手のひらの中で飛び回る孫悟空程度の存在ではないかと苦言を呈します。

第4章では、20世紀が金融業肥大化の時代となってしまったことについては、経済学が職業として定着したことの影響が大きいのではないかという疑問を提起します。

第5章では、アベノミクスの功罪をデータに即してご説明します。残念ながら、功績は株式相場の活況で金持ちを大富豪にしたことだけだというのが、私の結論です。

第6章では、これからの世界経済がエネルギーや金属を原材料とする製造業中心から、気配りや心遣いを原材料とするサービス業中心に転換するのは、まちがいなく日本国民に有利な展開だということを主張します。

このくらやみを通り抜ければ、日本経済には明るい陽射しが降り注ぐでしょう。

目次

第2章 16世紀以降は戦争とインフレ・デフレの関係で経済史を総括できる

第3章 経済思想家は経済をうまく導いてきたのか

第4章 20世紀はなぜ金融業の時代になったのか

第5章　アベノミクスでは日本経済は復活しない

第6章　日本経済が今後その隠れた実力を発揮する方法

画像提供：アフロ

第1章

経済覇権を城壁のない都市が握った経済史の黎明期

縄文時代が日本の独自性に大きな影響を及ぼした

文明が起こるときに必要なものとして、文字の誕生、都市の成立、階級の発生が挙げられます。文字が生まれたことで記録が残るようになり、都市が生まれたことで農村では入手できないものが交易で手に入り、そして戦う人（戦士）や祈る人（祭祀者）が上に立ち、耕す人を支配する構図が成立することで、文明は生まれ、発展していきます。

文明は世界各国で生まれていますが、たいていの国は次のような過程で発展を遂げていきます。

人類が定住して農業を行うようになると、戦争も起きるようになったと言われています。種を植え、育ててきた作物の収穫直前に横取りされると、1シーズン分の労働がふいになってしまいますから、横取りしようとする人たちと、自分たちの労働の成果を守ろうとする人たちの間で、戦争が起きたわけです。

農業が定着したあとに都市が生まれ、交易が始まります。交易では何を輸出し、何を輸入したのかを整理する必要がありますから、文字で記録をとるようになります。やがて都

市同士の対立が起こり、戦争は農民だけの社会だったころに比べて大きく、組織的になります。戦いに勝つために戦士、戦勝を祈願する祭祀者という階級が生まれます。彼らは普通の農民よりも優位な立場にあるので、自然な流れで富が集まり、エリート階級となって農民たちを支配します。

これが一般的な文明の発展の流れですが、日本はそういった道を歩みませんでした。なぜかというと、日本には「縄文時代」という大変不思議な時代があったからです。

他の国では採集・狩猟・漁労経済から農業への移行が比較的スムーズにいきましたが、日本はなぜか農業の手前で足踏みし、その結果、採集・狩猟・漁労を主とする縄文時代が1万年以上も続くことになります。縄文時代の日本人には農業を本業として定着することに対する漠然たる不安のようなものがあって、直前で意図的に踏みとどまっていたような気配があります。そんな国は、日本以外には見当たりません。そして縄文時代が長きにわたって続いた結果、日本は他の国とは違う独自の発展を遂げていきます。

縄文時代は、その初期の段階から「都市」と呼んでも差し支えがないほどの巨大な集落が出来上がっていました。大規模集落があったとされる三内丸山古墳（青森県）には、文明や文化といってもいいほどの高度な発達をした形跡が、いろんな形で見られます。

例えば、縄文時代にはすでに統一された度量衡の尺度がありました。35センチを1尺とし、ほとんどどこでも同じ尺を使っていました。また、日本人はこの段階でおそらくすでにピタゴラスの定理を知っていて、直角三角形を作ることができたようです。そのため、正方形の建物を建てることができました。

そういった点を踏まえると、縄文時代の人たちは文明に近いところにいて、アワやヒエといった自然に近い穀物の栽培を副業的な形ではやっていたけど、本業という形ではやっていなかった。あくまで採集・狩猟・漁労を基本とした生活を営んでいましたが、その結果、縄文時代には農業が本格的には浸透せず、食べ物を奪い合う争いもほとんど起きなかったのです。縄文時代は大変平和で、人々は豊かな暮らしをしていたと考えられます。

なかには、「狩猟・採集民族よりも農耕民族のほうが、栄養状態がよかった。縄文時代が長く続いたのは、日本にとってマイナスだった」と考える人がいるかもしれません。しかし近年では、農業が普及しはじめた初期の段階では、狩猟・採集民族のほうが農耕民族よりも栄養状態がよかったというのが定説になっています。狩猟・採集民族は小動物を狩り、季節の木の実を採集し、海辺や岸辺にいる人は魚介類を獲って暮らしていましたが、農業に特化した民族よりバランスのとれた食事をしていて、動物性たんぱく質は割とよく摂っていたようです。

栄養状態がよければ、その生活をわざわざ変える必要はありません。「狩猟・採集だけでは生きていけない」と自覚しない限り、生活スタイルを変えようとはしないでしょう。そのため、日本人は農業の侵攻を食い止めることができました。

他方、国外に目を転じると、メソポタミアから中国、エジプトなどでは、飢えから身を守るために農耕社会に転じましたが、それにより争いも頻発するようになりました。平和な縄文時代が1万年以上も続いた日本とは、まるで対照的だったと言えます。

貯蓄好きの国民性は縄文時代に身についた!?

日本人には「投資が嫌いで貯蓄好き」という特性がありますが、実はこれは縄文時代が1万年以上も続いたことで身についたものと私は推測しています。

農耕民族が作物を育て始めたころには、1回の収穫で獲ったもののうち、3分の1は次の種まき期のためにとっておかないといけません。そうしなければ、次の種まきのための「資本」となる種もみがないため飢えてしまうからです。これは、現代社会でいえば「収入

の3分の1を、さらに増やすために使う」ということになります。そして、将来のために収穫物を有効に使い続けるうちに、人々は「積極的に増やす（投資）」ことを考えるようになります。そうした結果、メソポタミアや中国、エジプトでは、投資を意識する国民性・民族性が身についていったのです。

しかし、日本では木の実や草の実が大量に採れたら、それを積極的に増やそう（投資）とはせず、保管（貯蓄）をして万が一の事態に備えました。保管するための技術も磨かれ、作物が長持ちする甕《かめ》も作られるようになります。こうして、「ヨーロッパや中国の人は投資が好きで、日本人は貯蓄が好き」という民族性が、この段階で早くも出来上がったのです。

また、縄文時代が長く続いた結果、「日本人は平和が好き」という国民性も育まれていきます。農耕社会では、長期間かけて育てた作物を収穫しますが、ときには収穫前にヘンな連中が押し寄せて、農作物を刈り取ってしまうことがあります。そのため、農作物を守るための戦士階級が誕生し、各地で「戦争」が起きるようになります。

この時期の戦争は食うか食われるかの熾烈なもので、戦士たちは過酷な運命にさらされました。すると「俺たちが守ってやっているんだから、俺たちが必要な分は全部分捕《ぶんど》っていいはずだ」という権力志向が生まれ、その後の王侯貴族社会へとつながっていきます。

ところが、日本では平和な縄文時代が長く続きました。今残っている古代人の遺体で、縄文時代のものとわかっているものは約５０００体ありますが、その中で、戦争で死んだとみられるものはせいぜい十数体です。弥生時代になると日本でも農耕が主流になりましたが、それでも他国のような「食うか食われるか」の激しい戦争はほとんど起きませんでした。この時代になってもまだ山や森や海からの自然な恵みが豊富で、他人の育てた農作物を奪い取るほどせっぱ詰まった暮らしをしていた人が少なかったからでしょう。それでも、弥生人の遺体の1割近くは戦争で死んだものとされています。農業が入ることで生活の安定をもたらしましたが、一方で、戦争も始まったのです。

国や権力者よりも民間の方が金持ちだった日本

農業が発展する過程で「富める者」と「富を持たない者」が生まれ、それが階級・身分となり、他国では王侯貴族や皇帝などが権限を握る社会が生まれていきます。しかし、日本では平和な時代が続き、ギリギリのところで殺し合いを避けてきました。その結果、作

物を奪う・奪われるなどの切迫した局面に立たされず、権力者が権限を一手に握る状況が生まれにくくなりました。いちおう、頂上には万世一系《ばんせいいっけい》の天皇がいましたが、天皇がひとりで政治を切り盛りした期間というのは、それほど多くありません。ほとんどの時期で藤原氏による摂関政治や院政、幕府といった勢力が政治を切り盛りし、権力を分散・多重化させていました。

また、これは日本ならではの傾向ですが、同じ政治体制が長期間続くと、権限が下の階級へと移っていきました。例えば、江戸幕府では政治の権限を握る人物が将軍だったのが、次第に老中が切り盛りするようになり、さらには若年寄・側用人へと移っていきました。

こうした権力の変遷は、他の国ではほとんど見られないものです。ほとんどの国では、実権が下に移れば、かつての権力者たちを皆殺しにしたり、追放したりして、自分たちが名実ともに権力者になるのが普通でした。

こうした傾向から、日本では政治権力が慢性的に弱く、「庶民の資産は全部搾り取る」というような、えげつない権力者は現れませんでした。それどころか、日本の支配階層は割と貧乏でした。

例えば、平安時代には「国司が中央に税を納める」という律令制の納税システムがほぼ完全に崩壊しており、貧乏な暮らしを余儀なくされていました。実際には、地方に派遣された国司のほうが豊かな暮らしを謳歌していたのですが、大半の中央貴族は地方に下向することを拒み、平安京に居座り続けました。「貧乏暮らしでも、中央の華やかなところにいたい」というプライドがそうさせたのかもしれませんが、こうした心理は、今の日本人にも多いような気がしますね。

国や権力者に富が集中しなかった一方で、民間では富を有する者が少なくありませんでした。これは、世界でも大変珍しいケースでした。

例えば、遣隋使や遣唐使の時代には、日本は中国の王朝に貢ぎ物を贈る朝貢貿易を行っていました。中国王朝からは、日本が贈った貢ぎ物よりも価値があるものを下賜されましたが、これを民間人が買い漁っていたという記録が残っています。他の国では、こうした下賜品を王侯貴族や官僚が独り占めしていましたが、日本では民間の方がお金を持っていたので、下賜品が市中に出回っていきました。

こうした状況は、中世に入っても変わりませんでした。この時代は、鎌倉幕府や室町幕府が軍事力を背景に国を支配し、当初は強大な軍事力を背景に国を支配しました。しかし、時期が経つにつれて将軍や守護が貴族化し、徐々に困窮をきわめるようになりました。これに対し、農民や当時の都市住民は表向きこそ貧乏を装っていましたが、実はお金を持っていて、貿易品やぜいたく品を高値で買っていました。

その一方で、中世日本の庶民はそれなりに借金をしていました。ヨーロッパでは生活が本当に苦しく、お金を借りることのできる信用力のある庶民がほとんどいなかったのとは対照的です。室町時代の日本は、庶民がたびたび徳政令（朝廷や幕府が債権者・金融業者に対し、債権の放棄を命じた法令）を出すようお願いをしていましたが、それくらい庶民が借金をできていた国だったんです。それは、世界的にも大変珍しいことでした

貿易相手としての旨みが「日本の植民地化」を回避させる

また、民間がお金を持っていたことで、日本は貿易相手として「旨《うま》みがある国」にもなりました。例えば、蒙古襲来の折には、元（モンゴル）が鎌倉幕府に向けて丁寧な国書を送り、外交を求めました。世界最大の帝国を築いたモンゴルがこんなにも低姿勢だったのは、日本が貿易相手国として相当な旨みがあることを、南宋を通じて知っていたからです。

モンゴル帝国の前に中国大陸を支配していた南宋も日本と貿易をしていましたが、対日

貿易は非常に利益率が高かったことが、南宋側の史料に記述されています。南宋では銅銭をつくっていましたが、日本はその原材料となる銅を気前よく安価で売ってくれました。しかも、南宋側が輸出した中国製の陶磁器や書画などを、日本の民間の人たちは高値で購入していました。

モンゴル帝国というのは割と計算高いところがあって、そうした南宋の対日貿易の旨みを踏まえ、低姿勢で近づいたのです。結局、鎌倉幕府がモンゴル帝国の誘いに応じなかったことで侵攻に至りました。しかし、それでもモンゴル側は本気で日本を支配しようとしてはいなかったというのが、現在の定説になっています。

これは、「日本は広い島国で、北九州一帯は占領できても日本列島全体を支配するのは容易ではなかった」という見方もありますが、戦いのあとに講和を結び、円満な形で貿易をしたかったからだと考えられます。実際、モンゴル軍が日本に攻め入ったときも、兵の大半は旧南宋支配下の中国や朝鮮の人たちでした。彼らは武器の代わりに鍬や鋤を持ってきていました。屯田兵のようなかたちで日本に移住しようとしたのかもしれません。また、モンゴル軍は暴風雨のあとにあっさりと引き下がっていますが、これも平和的に解決したいという意図があったからなのでしょう。

最初に経済覇権を握った水運都市・ヴェネツィア

日本では、長い縄文時代が農耕社会の到来を遅らせ、貯蓄を好んだり、国や権力者が貧しく民間が富むなど、社会全体に独自の思考や構図を生み出しました。ですが、世界では、平民にとって過酷な時代が西暦1500年ぐらいまで続きました。しかし、その割には安定した時代だったのですが、これは経済的に強い国や民族と、軍事的に強い国や民族がハッキリと分かれていたからです。

経済的には定住農耕民のほうが強かったのですが、戦争になると、馬を乗りこなした遊動牧畜民が圧倒的に有利でした。これは単に機動力があるだけでなく、遊牧民は根拠地を持たず、守るべき場所がなかったからです。旗色が悪くなれば、どこへでも逃げてしまえばよかったのです。

戦争・軍事理論には「遠戦志向」という重要な概念があります。人間、誰しも自分の命は惜しいですから、なるべく敵からの攻撃は避けられる遠いところに自分の身は置いて、しかし、敵には有効なダメージは与えたい、という発想です。イギリスの軍略家であり、

軍事史家でもあったJ・F・C・フラー将軍（1878〜1964）が提唱した概念だそうです。なんとも身勝手な考え方ですが、生存本能を持った人間なら当然の考え方でしょう。

15世紀までは、その遠戦志向を無理なく体現できていたのが、遊動牧畜民でした。馬や羊とともにあちこちを移動し、身につける宝石などの装身具以外にはあまり財産もない生活です。「不動産」と言われるとおり動かすことのできない土地に縛られていませんから、踏みとどまっていては都合の悪い場所からはどんどん逃げていくことができます。

一方、農耕民たちには農地と都市という根拠地があり、おいそれと逃げるわけにはいきません。戦争をするとき、どこか特定の場所を守りながら戦う勢力と、旗色が悪くなればどこへでも逃げられる勢力では、圧倒的に後者の方が有利でした。そのため、経済力では農業を中心に都市文明を築いた農耕民が強かったけれど、戦争では都市や農地の基盤を持たない遊牧民が圧倒しました。遊牧民は戦いに勝っても都市を自分たちで支配する気はなく、戦利品をさらって引き揚げるか、都市の運営は定住民に任せたため、両者のバランスが保たれていました。その結果、16世紀までは世界を支配するほど強い文明圏は生まれませんでした。

ちなみに当時のヨーロッパは戦乱が絶えず、敵の攻撃を防ぐため、ほとんどの都市が城壁で囲われていました。城壁に囲われていない都市というのは、圧倒的に少数でした。

16世紀以降の世界は、1世紀ごとに戦争が多い世紀と平和な世紀が繰り返されました。すなわち16世紀は戦争が多い世紀で、17世紀は平和が多い世紀、そして18世紀は戦争が多い、19世紀は平和、20世紀は戦争が多いというサイクルです。このサイクルについては、第2章で詳しく述べていきます。

そして、中世ヨーロッパで経済覇権を握った都市のひとつが、現在のイタリア北東部に位置するヴェネツィアです。大陸からの川の流れに乗ってくる土砂とアドリア海の波と風の影響で生まれた沼沢地にあり、ローマやフィレンツェとは毛色が違うイタリア人が、「敵もここまでは攻めてこないだろう」と考え、築いた町です。ヨーロッパでは珍しく、城壁に囲われていない都市でした。

ヴェネツィアの海軍は13世紀から14世紀にかけて「世界最強の海軍」を自称していましたが、ヴェネツィアの海軍は何百人もの漕ぎ手を乗せたガレー船団で、狭い地中海では威力を発揮しましたが、遠洋航海には向きませんでした。そのため、軍事覇権を握るまでには至りませんでした。

遊牧民族と農耕民族の軍事と経済の均衡状態に変化が訪れたのが、15世紀半ばから始まった大航海時代です。当時のヨーロッパはまだ力が弱く、イスラム勢力の侵攻にたびたび悩まされていました。例えば、イベリア半島はイスラム勢力の支配下となり、15世紀末までその支配が続きました。また東ローマ帝国（ビザンツ帝国）は１４５３年、イスラム王朝のオスマン帝国に滅ぼされています。しかし、中国で発明された火薬を軍事利用し始めたことで、ヨーロッパの優位性が高まっていきました。

火薬の軍事利用については第2章で詳しく述べますが、これにより、経済力が強いところが戦争にも強くなりました。火薬の成分を強力なものにすること、銃や大砲を改良することによって、経済力が高い民族のほうが射程距離も長く、照準も正確な武器を持つことで、遠戦志向を満たすことができるようになったのです。

火薬を軍事利用するようになったヨーロッパの人々は、アジアやアフリカ、南北アメリカ大陸などを力でねじ伏せることができるようになりました。その結果、ある地域では先住民がほとんど皆殺しにされ、またある地域では先住民が奴隷化されるという植民地支配の時代を迎えました。これが、近代経済史の始まりです。

市場経済の発達は産業革命（イギリスで18世紀半ばから始まった産業や社会構造の変革）

からと言われがちですが、これはヨーロッパ人による自分たちを美化した考え方です。ヨーロッパの世界制覇は産業革命により平和的に始まったのではなく、大航海時代に力づくで始めたものです。そしてここから、本当の〝世界史〟と呼ばれる時代に入っていったのです。

16世紀以降、経済覇権を握ったのは城壁がない都市

16世紀に入ると、イスラム勢力を駆逐してレコンキスタ（キリスト教国によるイベリア半島の再征服活動）を完成させたスペインやポルトガルが台頭します。彼らは、その余勢を駆ってアメリカ大陸を発見したり、中南米で金鉱や銀鉱を見つけたり、貴金属を略奪するなどして、莫大な富を手に入れました。

しかし、16世紀の経済覇権はまだヴェネツィアが握り続けていました。これはスペインの政治権力の中心となったトレド、バリャドリード、マドリードが、いずれも内陸にあったからです。コルドバやマラガ、セビージャといった海に面した都市は、政治権力の中心地にはしませんでした。政治権力の中心を内陸に据えたのは、スペインがつねに他国の脅

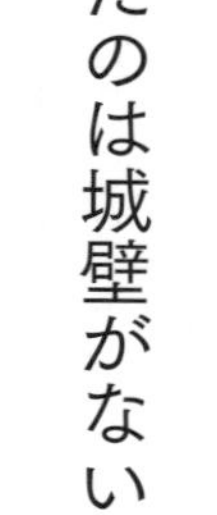

威にさらされていたからです。しかし内陸都市では船が満足に出入りできず、交易には向きませんでした。

一方、ヴェネツィアは海そのものが都市のようなもので、主な建物は運河に囲まれているだけでした。だからこそ各国の商船が自由に出入りでき、交易が盛んになったのです。スペインやポルトガルは中央アメリカからの金銀をヨーロッパで商品を買うために持ち込みましたが、これもヴェネツィアの発展を後押しする材料となりました。こうして15世紀には10万人だったヴェネツィアの人口は、16世紀には15万人に増えるほどの繁栄を見せたのです。

こうして政治はスペイン、経済はヴェネツィアが覇権を握る時代が続きましたが、17世紀に入るとオランダが政治・経済の覇権を握るようになります。このとき経済の中心地となったのがアムステルダムですが、ここもまたヴェネツィア同様、城壁がない都市でした。これは単なる偶然ではありません。16世紀以降、ヨーロッパの経済覇権を握ったのは、すべて城壁に囲われていない「無境界都市」でした。

17世紀以前のオランダはネーデルラント17州の一部として、スペインの支配下にありました。しかし、1568年から1648年にかけて80年にわたり続いた独立戦争に勝利し、独立を果たしましたが、その背景にはスペインとオランダの宗教観・経済観の違いがあります。

スペインの全盛期を築いたフェリペ2世は誇大妄想的な性格の持ち主で、「まだカトリックの恩恵を受けていない哀れな人民に、教えを広めてやろう、また、プロテスタントという邪教に取りこまれた人々を救ってやろう、さらに、世界中の人々をカトリックに改宗させよう」という大変な〝野心〟を抱いていました。そして南米などから持ってきた金銀を、カトリックの世界制覇のために遣い果たしてしまいました。

一方、オランダ（北部ネーデルラント）ではプロテスタントが主流で、カトリックによる世界支配を狙うスペインとは相容れない間柄でした。さらに宗教にとらわれない全方位のビジネスをしたいと考えており、スペインの支配から脱するために独立戦争を起こしたのです。ちなみに、現在のベルギーにあたるネーデルラント南部は、カトリックの人たちが比較的多く、近代的な港も少なく、中世的な城塞の町が多い地域でした。加えて主要都市同士のまとまりが悪く、ベルギーとして独立したのは1830年のことでした。

宗教と商売を分けて考えたオランダの繁栄

オランダはスペインと違い、商売と宗教を分けて考えていました。17世紀のアムステルダムは「あらゆる国、あらゆる職業、あらゆる宗旨の者がここに集まっているが、その用件はたったひとつ、商取引である」と形容されるほどの商業都市で、誰が相手でももうかりさえすればＯＫというスタンスで商売を拡大させていきました。スペインに対する独立戦争の最中でさえ、オランダの商人はスペインに軍需物質を納入していました。それくらい、オランダの商人はビジネスライクだったのです。

宗教的な差異や職業の貴賤を商売に持ち込まなかったのは、カトリックを強制しようとするスペインに、徹底的にいじめられた経験があるからだと思います。オランダ人は「自分たちはプロテスタントだけど、カトリック相手でも商売をする」という姿勢を見せたことが、経済覇権の奪取へとつながりました。

アムステルダムは運河が張り巡らされた水運都市で、これを城壁で囲むと船が入港しにくくなる。そのため、城壁は造らずに町を守ろうとしました。これを可能にしたのは、オランダの兵制が関係しています。

スペインではかなりの部分を傭兵に頼っていましたが、オランダはそんなに人口も多くなく、大勢を集める資金もなかったので、国民皆兵的な組織にしました。他の国の兵士は給料が未払いになることが珍しくなく、足りない分はその辺の農家で掠奪して補っていました。しかし、オランダはきちんと給料を払っていたので、塹壕掘りや軍事教練など、他の国の兵士がやりたがらないこともしっかりとこなしました。その結果、オランダの軍事力は飛躍的に高まり、その経済的な繁栄をも後押ししたのです。

また堰を切ればいつでも水があふれ出す「洪水線」という運河と川の水系をつくり、敵に攻められたら堰を切って洪水を起こし、あとは塹壕で身を守るという戦法を考えていました。

ちなみに、17世紀の日本は江戸時代にあたりますが、ヨーロッパ諸国で唯一貿易相手国となったのがオランダです。キリシタン勢力の進出をおそれて鎖国した日本がオランダと付き合ったのは、オランダが宗教と商売を分けて考えるスタンスをとっていたからです。

オランダ側もヨーロッパの最新情報を教えるなど、日本に対して親身に接していましたが、これは日本との交易の利益率が圧倒的に高かったからです。つまり、貿易の旨みを独占するため、オランダは日本に尽くし続けてきたのです。この旨みのある貿易を維持できる民間に蓄積された富こそが、日本が植民地にならず、独立をキープできた最大の要因だったと思います。

経済覇権はパリではなくロンドンへ移っていった

17世紀はオランダが政治と経済の覇権を握りましたが、次の18世紀にはフランスに政治的な覇権が移ります。フランスを政治覇権国へと台頭させたのが、「太陽王」の異名を持つルイ14世です。わずか5歳でフランスの王位についたあと、屈強な陸軍を駆使してヨーロッパ諸国に戦争を仕掛け、版図を拡げました。

しかし、経済覇権がパリに移ったかというと、そうはいきませんでした。なぜかというと、パリは内陸に位置し、交易には適していなかったからです。加えて城壁を築き続けたことが、パリの没落を招きました。ヨーロッパの主要都市では城壁の築造が１２００年代でひと段落しましたが、パリは延々と城壁を造り続けました。フランス革命後も城壁工事は続き、１８４０年代まで工事が行われたそうです。

高くて厚い壁でパリ市内を取り囲んだことで、「城壁に囲まれた中だけがパリである」という特権意識が芽生えていきました。この意識は城壁が取り壊された今でも残っており、パリの20区は「ティエールの城壁」の中だけを指しています。また、パリの主要駅はすべてルイ13世の壁の外側につくらせていますが、これは「蛮族が汽車に乗って攻めてくるかもしれない」という怖さが残っているからとされています。こうした排他性や特権意識がパリの市域拡大を阻害し、人口も伸び悩み、経済覇権都市になる機会を逸してしまったのです。

またフランスもカトリックに拘束された国だったので、オランダのような全方位外交ができませんでした。これも経済覇権を握れなかった一因とされています。

では、どこが経済覇権を握ったかというと、イギリスのロンドンです。当時のロンドンは産業革命の成果がようやく出始めたころで、人口でいえば、パリには及びませんでした。しかし、ロンドンには水運の利がありました。北側には半円状の城壁を築いていましたが、南はテームズ川沿いに開けており、城壁がまったくありませんでした。そのため、市域が南岸に拡がっていきました。

市域が拡がったことで経済発展や人口集積が無理なく受け入れられ、またどこの国の船でも自由に交易できたことで、経済的な覇権を握るようになりました。宗教面では、イギリス国教会がいちおうプロテスタントに属していますが、儀式のやり方や僧侶の位階秩序などはカトリックに似ていました。そのため、カトリックの人もプロテスタントの人も、割と自由に交易を行うことができました。

19世紀になると産業革命の成果が相当浸透し、しかも平和な時代だったこともあり、戦争で負けたときのリスクを考えなくてすむようになりました。その結果、政治覇権がロンドンにも移っていきました。

イギリスというと「帝国主義の頂《いただき》に立った覇権国家」という印象がありますが、地表面積全体の23％にあたる1300万平方マイルという広大な領土を有したのは、経済覇権の地位からすべり落ちようとした1922年になってからのことです。最初から海外進出に積極的だったわけではなく、陸軍力が弱く、大陸の争いに巻き込まれるのを避けるため、どちらかというとドサ回り的に海を越えなければいけないような場所に領土を拡げたという感じです。

17世紀のイギリス陸軍は、本当に脆弱でした。ドーバー海峡で大陸と隔てられていたので、陸軍同士で戦う機会が少なかったからです。かつては大陸にも領土を有していましたが、14~15世紀に起きたフランスとの百年戦争でほとんど失いました。そういった経緯もあり、ヨーロッパの軍事大国とまともに陸戦でぶつかるのは不利だと感じ、すき間産業的な帝国主義を確立したのです。

価格変動にともなう人間の移動のすさまじさ

経済覇権がヴェネツィアからアムステルダム、そしてロンドンへと移っていったのとほぼ同時に、主幹産業も第一次産業（農業）から第二次産業（製造業・工業）へ、そして第三次産業（サービス業）へと移っていきました。

大航海時代のヨーロッパの人口の8割以上は農民で、1割が商人やその他、2~3%が王侯・貴族、同じくらいの割合で僧侶がいました。中南米などで入手した大量の金銀が流入したことで手工業の技術革新が進み、農業でも小麦の収穫量が3~5粒から8~10粒に増えるなど、生産量が飛躍的に増加しました。

そしてその結果、農業から手工業を中心とした都市型産業への移行が起こりますが、これは産業革命が始まる前からすでに起きていました。大航海時代の前は農産物の価格が比

較的安定しており、手工業者や職人の稼ぎは食っていく程度でした。しかし、農産物の収穫量が増えると、そこに変化が生じます。

人間はどれだけ豊かになっても、今まで食べている量を2倍3倍に増やすのは不可能です。そこで、農業の収穫量が増えたときに人間はどういう対応をするかというと、農民を減らすわけです。それまでカツカツだった手工業者や職人が増加する一方で、彼らを養う分の農作物を、今までの半分ぐらいの農民で作れるようになりました。その結果、農民の人口構成は8割から4割まで減りましたが、これはかなりの社会変動だったと言えます。

この辺についても、経済史をやっている人たちは古典経済学を少し誤解している節があります。彼らは「こうした社会変動は、価格メカニズムで無理なく達成されたのだから、例えば農業から製造業への産業構造の変動も、その変動は割と短期間で収まり、1世代ぐらいで皆がなかよく暮らせる均衡になったのだろう」と考えるのですが、それは大きな誤解です。価格変動にともなう人間の移動のすさまじさというのは、本当に大変なものでした。

この価格変動の壮大なメカニズムについて、もう少し説明していきます。農作物の収穫量が増えると、価格が下がり、地価も下がっていきます。農民はギリギリ暮らしていけたのがさらに貧しくなり、地代収入が減った地主も大損害をこうむります。

そうなると、次の世代の人々は「農村にいたままでは困窮する。都市に出るしかない」となり、人々が都市に流入して手工業や商業が盛んになります。ところが、人々が都市に集まりすぎた結果、都市で農作物が満足に行き渡らなくなり、今度は手工業者の労賃が激減します。さらに需要が供給を上回った農作物の価格が上がり、地価も上がって…となります。

こうした価格の大変動が、15世紀から19世紀まで、約400年にわたって延々と続きました。伝統的な地主階級に属する人たちと、近代的な産業経営者とが、1世代から2世代ぐらいの間に、ものすごい大金持ちになったり、貧乏になったりというサイクルを繰り返していたのです。

第二次産業（工業・製造業）は、最初のうちは労働条件が本当に悲惨で、14〜18時間働いて、やっと食べていけるレベルでした。農作物の価格が下がって「もうこれ以上やっていけない」となった農民が農地を捨て、仕方なく工業・製造業に従事していました。

しかし、こうした状況に変化をもたらしたのが、科学技術の発達です。農業の大規模化が進んで農作物が効率よく生産されるようになり、それにともない農作物の価格が下がり、都市労働者の生活水準が向上していきました。かつては、農作物の価格が下がると農民が都市に流入し、農作物の需要が増して逆に価格が高騰していました。しかし、工業や製造業だけではなく、農業でも技術革新が続き、現代では人口の1～2％だけが農業に従事する状況でも、国民を食べさせていける環境が構築されました。

こうして産業の中心は農業から工業・製造業へと移り、先進国では19世紀末から第一次世界大戦期にピークを迎えたのです。

工業・製造業のあとに産業の中心となったのが、卸売や小売、教育、医療、接客、飲食、金融、保険、不動産などの第三次産業（サービス業）です。現在は、人口の約7割が第三次産業に従事しています。

奴隷を活用して経済覇権を握ったイギリス

話をイギリスに戻しますと、オランダが約80年にわたって維持し続けた経済覇権を譲り受けたイギリスは、アメリカにその座を譲るまで、約２００年にわたって覇権を維持し続けます。このときの覇権交代劇は、南海会社という企業の株が、国債償還の受け皿にする

ために増資するという錬金術で暴騰し、その後暴落に転じるという、かなりうさんくさいやり口でした。そして帝国をさらに繁栄させるため、スペインやポルトガルの金銀略奪がかわいいものだと思うほどの悪辣な手段を用いたのです。

イギリスは、スペインやポルトガルが中南米の植民地で手に入れた金銀財宝を積んだ船を、海賊船などを用いて奪うというやり方で、ヨーロッパ最強国への道を歩んでいきました。やがて、略奪の対象はアフリカ大陸西岸から中南米・カリブ海の島々に送る奴隷に変わり、彼らを活用したビジネスでのし上がっていきます。

その代表例が、カリブ海の島々で行ったサトウキビ栽培です。栽培するだけでなく、搾汁するための工場も建てましたが、これが世界初の大規模工場とされています。

このイギリスが行ったカリブ海でのサトウキビ栽培は、かなり残酷なものだったようです。農園を開墾して一斉にサトウキビを植え、収穫期には搾汁工場でローラーにかけてキビを押しつぶし、砂糖になるような糖蜜の汁をかき集めていました。この搾汁工場での作業は、それなりに待遇がよくても、白人は到底やらないような仕事でした。搾汁工場は危険がいっぱいの職場だったからです。

例えば、ローラーに手を巻き込まれると、その手を鉈《なた》で叩き切っていました。そのままにしておくと、ローラーに押しつぶされて死んでしまうからです。こうした過酷な労働条件を満たすには、現地で人を雇うだけではやっていけません。もちろん、人材を募集しても、白人労働者が自発的に応募してくれるような仕事ではありません。イギリスの徒刑囚にそのまま監獄で刑期を勤めるか、海外植民地での年季奉公かを選ばせたり、アフリカ大陸から買ってきた黒人奴隷を送り込んだりして、労働力を確保していたのです。

そのため、まとまった数の黒人奴隷を確保し、カリブ海に送り込む必要があったのです。近代的な大規模生産工程の始まりは、奴隷労働と密接不可分だったというのは、覚えておいたほうがいい事実でしょう。

黒人奴隷を確保するには、黒人部族同士が争って獲得した捕虜を、銃や織物などと交換してくれる黒人王国とパイプを築かなければなりません。しかし、そのような強い王国を探すのは至難の技だったので、巨大な黒人王国とつながりがあるポルトガルを利用し、ポルトガルの商人から黒人奴隷を卸売してもらっていました。

しかし、それでは高い利益が得られないということで、しまいには奴隷を積んだポルトガル商船を丸ごと略奪するようになります。こうした強引な手法で奴隷貿易を推し進め、やがて三角貿易の関係が構築されていきます。アフリカの黒人奴隷をカリブ海に送って働かせ、そこで製造した砂糖やラム酒をヨーロッパに輸出します。そして、アフリカには銃などの武器を売り、黒人部族がより多くの捕虜を手に入れられるようにしました。

きれいごとではなかったイギリスの世界支配

イギリスは、サトウキビの栽培と砂糖の精製で経済成長を遂げていきましたが、サトウキビは土地の地力の消耗が激しい栽培品でした。最初のうちはバルバトスやバミューダなど、比較的小さな島でも大規模経営ができていましたが、徐々に採算が悪化していきます。それでも、黒人奴隷を使う旨みは手放したくなかったので、イギリスは彼らを有効活用する術を考え、行き着いたのが綿花の栽培でした。綿花を紡《つむ》いで綿糸にして、その綿糸を綿織物にすることで、莫大な利益を得ました。

当時は蒸気機関が発達していた時期で、製糸や機織を蒸気機関で機械的にやれば、大規模工場もつくることができました。綿花はアメリカ南部のプランテーションで、黒人奴隷を使って栽培させていましたが、これに加え、イギリスは綿織物産業が盛んだったインドにも狙いをつけます。インドの中でもキャラコの綿織物は世界最高水準を誇り、薄手でありながら強度があり、染めやすく、何回洗っても伸び縮みにくいなど、品質の良さでは群を抜いていました。

一方、ヨーロッパでは毛織物が中心で、木綿織物は王侯貴族でなければ着られない代物でした。毛織物は洗うと縮んでしまうので、ヨーロッパの人々はつい最近まで、毛織物の服を洗わずに擦り切れるまで着て、ボロボロになったらそれを捨てるという生活をしていました。そのため、綿織物に対する潜在需要はつねに大きかったのです。

こうして、イギリスはインドへと進出していくわけですが、当時のインドは綿織物を輸出していたこともあり、当時の水準では国が貧しいどころか、豊かな国でした。しかし、インドを統治していたムガール帝国は頽廃堕落をきわめており、皇帝や重臣は庶民の生活とは切り離されたところで、ぜいたくな暮らしをしていました。

このような状態ですから、政治や外交への興味や関心もうすく、イギリス東インド会社（アジアでの貿易を目的に設立されたイギリスの勅許会社）に言われるがままに、徴税権を請負に出してしまいます。こうして徴税権を得た東インド会社は、莫大な利益を得るようになります。どれほどすごかったかというと、インドに出稼ぎに行くと、イギリス本土で働くよりも10～20倍稼げると言われるほどでした。

そして、イギリスは自国の綿織物工業を本格的に発展させるため、インド産の綿織物に対して高い関税をかけて、イギリス国内に流入するのを食い止めようとします。そのうちイギリス本国で機械が発達し、安い綿織物が大工場で大量生産されるようになると、イギリスで生産された安い綿織物が、インド国内に大量流入していきました。

こうしてインドの綿織物工業は壊滅し、イギリスの綿織物が世界を席巻するようになります。ムガール帝国もインドの支配権を奪われて滅亡し、1877年、イギリス領インド帝国が成立したのです。

インドは完全にイギリスの支配下に置かれるようになりましたが、その後は悲劇的な歴史を歩んでいくことになります。綿織物産業が盛んだったベンガル地方では人口の約3分の1が餓死するという悲惨な飢饉が起こり、ダッカでは人口が15万人から3～4万人に急減しました。あまりの惨状に、イギリス政府に任命された現役のインド総督が「この窮乏は商業史上ほとんど類を見ない。木綿織布工たちの骨は、インドの平原を白くしている」と嘆いたほどでした。

インドの在来綿織物工業を放逐したあと、イギリスはインドの人たちにアヘン（阿片）を作らせ始めます。ケシの花を栽培させ、そこから抽出したアヘンを中国（清）に売ることで、イギリスは対中貿易で優位に立とうとします。それまでのイギリスは中国から茶や陶磁器を購入し、圧倒的な輸入超過で銀が中国に大量流出していました。

そこで、インドで生産したアヘンを中国に大量輸出し、貿易収支の改善をはかりました。最盛期には、インドの対中輸出の約90％が、そして中国の対インド輸入の約40％がアヘンで占められましたが、清王朝ではアヘン中毒者の急増が問題になります。そして、林則徐がアヘンの取り締まりに動くわけですが、これがアヘン戦争、さらには列強諸国による中国進出へとつながっていったのです。

こうした点を踏まえても、イギリスの世界支配というのが決してきれいごとではなく、サトウキビ栽培のころから綿織物工業、アヘン栽培に至るまで、かなり悪辣な手段でのし上がってきたことがわかります。

貴族や大地主は産業革命に興味がなかった⁉

議会制度発祥の国と呼ばれるイギリスは民主的なイメージが強いですが、実は貧富の格差がとても大きな国でした。貴族や大地主は膨大な規模の土地を有しており、その地代で

裕福な暮らしを謳歌していました。産業革命が始まると、平民の中からも産業資本家に成り上がる者がいましたが、富裕層の収入にははるかに及びませんでした。

イギリスを含むヨーロッパ諸国と日本では、金持ちの判断基準がまったく違います。ベストセラー『21世紀の資本』(みすず書房)の著者であるトマ・ピケティも述べていますが、ヨーロッパの観念では、平均賃金の5倍から10倍というのは、金持ちの範疇には入らないそうです。自分が働くことで稼ぐにはそれぐらいが限界なのではないかと思いますが、それでも金持ちにはあたりません。豪華な城を持ち、何十人かの召使いがいて、馬を何十頭も飼って、はじめて金持ちの層に入るそうです。このような生活をするには、平均賃金の30倍は稼がないとやっていけないのですから、ヨーロッパの金持ちがいかに豪奢だったかがうかがえます。

それだけ収入があれば、当然ながら資産も有り余るわけですが、富裕層はそれを投資に回していました。商業や遠隔地貿易、戦争絡みの金融で金を貸し、資産をさらに増やしていきました。

とくに「世界の銀行」と称されたイギリスは古くから金融業が盛んで、冒険的な投機をする王侯や貴族がゴロゴロいました。農耕社会が早めに到来した国では、貯蓄よりも投資に力を入れる国民性・民族性が身につきましたが、その流れが脈々と受け継がれていたのです。現代でも「金融業は、本当に突出してもうかる商売でなければならない」と考える人が多いですが、そういった発想は、この時代からあったのです。

日本でこうした流れが築けるかというと、それは少し難しいかもしれません。なぜなら、縄文時代が長く続いた日本では、投資よりも貯蓄に重きを置く考え方が根強く浸透しているからです。金融業は日本でも発達しましたが、ヨーロッパと違うのは、江戸時代の日本は大名が貧乏で、大商人が大名にお金を貸していました。「権力者よりも民間のほうが金持ち」という流れは、江戸時代になっても続いていたんですね。

そして、現代でも金融で荒稼ぎする日本人はいますが、イギリスと比べたら、その規模は子どもみたいなものです。

そんな格差が激しいイギリスで産業革命が始まったわけですが、実はイギリスの貴族や大地主は、産業革命にはそれほど関係していません。彼らは「製造業のようなもうけが少ない事業に投資するよりも、奴隷貿易や金融業で稼ぐほうがラクだ」と考えており、設備投資などで工場を建てるのは非常に稀なことでした。

貴族や大地主が工場などに投資するのは、ボロもうけするチャンスが得られなくなったときだけでした。例えば、農作物の価格が暴落し、地代が減ってもうからない時代がくると、「じゃあ仕方ない、製造業の設備投資でもするか」と投資し、産業革命を後押ししたのです。

産業革命は時代を変える出来事ではなかった⁉

イギリスで産業革命が本格化した18世紀というのは、「理性の世紀」といって、割りに評判がいい時代でした。アダム・スミスが『国富論』を書いたのも18世紀ですし、ヴォルテールやルソーなども18世紀の人です。それと同時に、18世紀は非常に戦争が多い時代でもありました。

戦争が多かった一因として、王位継承戦争が挙げられます。ヨーロッパの王族というのは、同格の王家と結婚しないと、ややこしい問題が発生するという状況がありました。王位継承者が順調に成長して王に即位すれば、何も問題はありません。しかし、その王位継承者が途中で亡くなったり、後継ぎが生まれなかったりすると、必ず何らかのトラブルが生じました。

なぜかというと、ヨーロッパの王族というのは、理屈をこねれば他国でも王位を継承できると考えていたからです。王族同士で婚姻を重ねていたので、他国の王であっても、血縁的には継承権を主張する根拠があったのも、こうした考え方を育む土台となったのです。

また、18世紀は前の世紀まで寒冷だったのが温暖化し、農作物がよく獲れるようになり、血気盛んな人が増えてきました。すると「あれもやってみよう」「これもやってみよう」と積極的にチャレンジしようとする人たちが増えたのですが、その結果、「戦争を仕掛けて他国の王位を奪ってやろう」という冒険心まで生まれ、功利主義的な戦争が増えていったのです。

しかしその一方で、産業面でも「新しいことにチャレンジしよう」と考える人が増えてきます。そして、動力系とメカニズム系を組み合わせるという、今までにまったくなかった発想を活かし、科学技術を発展させていきました。18世紀特有の冒険精神がなければ、産業革命は起きていなかったかもしれません。しかし、冒険精神は決してきれいごとだけに使われていたわけではなく、むしろ植民地征服や王位継承戦争などに使われていました。

現在の歴史の教科書などでは、「18世紀、イギリスで産業革命と呼ばれる技術革新が〝平和的な流れ〟で起こり、それが近代経済史の礎《いしずえ》となった」となっています。しかし、当時の人たちにとっては植民地征服や王位継承戦争のほうが生活に与える影響が大きく、産業革命というのは「インドから買っていた上質の綿が、少し粗い品質だけどイギリスでも作られるようになり、大衆に手の届く商品になった」程度のことだったのです。

では、いつからが経済史の始まりだったかというと、それはやはりヨーロッパの国々が圧倒的な軍事力を持つようになった大航海時代からです。ヨーロッパが強大な軍事力を有した背景には、中国で生まれた火薬の軍事利用があるのですが、それについては第2章で詳しく説明していきます。

第2章

16世紀以降は戦争とインフレ・デフレの関係で経済史を総括できる

中国で発明された火薬がヨーロッパを強大国へと導く

第１章の最後で、「ヨーロッパが強大な軍事力を有した背景には、中国で生まれた火薬の軍事利用がある」と述べましたが、これについて、もう少し詳しく述べていきましょう。

火薬は印刷、方位磁石（羅針盤）と並ぶ「ルネサンス世界三大発明」のひとつで、中国の唐の時代（６１８〜９０７）には、すでにその原型が発明されていたと言われています。中国人は、花火や爆竹といった非軍事的な目的で火薬を用いていましたが、これを武器として使い始めたのが、ユーラシア大陸一帯に覇を唱えたモンゴル帝国です。

日本に元（モンゴル）軍が襲来した元寇の様子を表した『蒙古襲来絵《え》詞《ことば》』には、元軍が使用した「てつはう」という火薬を使った兵器が描かれていますが、これは江戸時代に加筆されたとも言われています。また、13世紀にモンゴル帝国がイランに侵攻したときには、投石機で火薬弾を投げつけていたそうです。

とはいえ、モンゴル人の火薬の軍事利用は限定的で、戦争でも脇役の存在でした。しかし、中国を訪ねたヨーロッパ人が「これは武器に使える」と考え、本国に持ち帰ったこと

で、火薬の軍事利用が進んでいきました。ヨーロッパ人が火薬を見て「武器として役立つ」と感じ取ったのは、ヨーロッパ人が狭い地域の中で、頻繁に戦争を行っていたからでしょう。つねに戦いのことばかり考えていたので、そのような発想ができたのかもしれません。

14世紀に入ると銃の開発が本格的に進み、イギリスやドイツには火薬の工場もつくられました。フィレンツェでは大砲も開発され、火薬を使った武器・兵器が戦場を席巻するようになりました。日本に火縄銃が伝わったのは1543年ですが、1400年代末には、ライフル銃の原理がスイスで発明されています。ヨーロッパは戦争が多い地域だったので、兵器の開発も飛躍的に進みました。

火薬を使った兵器・武器の発明により、戦争の質も変化していきます。それまでのヨーロッパの戦争というのは、国王や皇帝の下で騎士たちが集まり、ワイワイと派手に騒ぐようなものでした。しかし、15世紀末あたりから傭兵を雇った深刻なものへと変わり、戦争の時代へと突入していきました。そして、火薬を本格的に軍事利用したことで、ヨーロッパが世界史の中枢を支配する存在になっていったのです。

太陽の黒点活動が世界の流れを決めていた!?

火薬の軍事利用により、ヨーロッパは世界の中心へと躍り出ましたが、この時期から、ヨーロッパでは自由競争に基づく市場経済と近代市民社会へと変貌していきます。

そして16世紀以降、戦争と平和、インフレとデフレが1世紀ごとに繰り返される時代が到来します。具体的にいうと、16世紀は戦争が多いインフレの世紀で、次の17世紀は比較的平和なデフレの世紀、続く18世紀は王位継承戦争が頻発したインフレの時代で、19世紀は長期戦争が皆無だった平和な世紀、そして20世紀は2度の世界大戦に見舞われた超インフレの時代……というサイクルです。近代市場経済が定着してからの5世紀は、戦争の世紀にはインフレが発生し、平和な世紀にはデフレが発生していたのです。

市場経済と近代市民社会がまだ定着していなかった15世紀より前の時代、世の中の流れは非常にゆったりしていました。13世紀初めから始まった「中世価格革命」と呼ばれたインフレは、14世紀半ばまで約１５０年間続きました。その後、「ルネサンス均衡」と呼ばれる物価安定期に入りましたが、これも14世紀半ばから15世紀末まで、約１５０年間続いて

います。これが16世紀以降、インフレもデフレも１００年前後で循環する流れになっていきました。

このような周期が出来上がった背景には、太陽の黒点運動のサイクルがあります。太陽の黒点数が増えると放射熱が活発になり、地球に送り届けられる太陽熱がたくさん出るので、比較的温暖で、農作物もよく収穫できます。逆に太陽の黒点数が減ると放射熱が少なくなり、地球全体が寒冷化して作物の出来も悪くなりました。

この黒点運動のサイクルは11年周期で繰り返されましたが、これはどういうことかというと、１００を11で割ると9で1年の余りが出ます。9ということは、「黒点活動が活発な周期（山）が5回、活発でない周期（谷）が4回」の世紀と、「黒点活動が活発な周期（山）が4回、活発でない周期（谷）が5回」の世紀が繰り返されるということになります。

山が5回・谷が4回の世紀は温暖な時期が多いので、農作物がたくさん収穫できて豊かになり、血の気が多い若者が増えた結果、戦争が頻繁に起こるようになりました。一方で、山が4回・谷が5回の世紀は収穫物の実りが悪く、疫病や飢饉が蔓延しました。これでは戦争どころではなく、その結果、平和な時期が多くなったのです。

平和が続いてデフレになった17世紀

この戦争と平和、インフレとデフレのサイクルを、順を追って説明していきます。

第1章でも述べていますが、16世紀はそれまで内に閉じこもっていたヨーロッパが世界の海に繰り出し、侵略して征服する時代を迎えていました。その中で政治の覇権を握ったのがスペインやポルトガルで、中南米で発掘された金銀をヨーロッパに持ち込みました。しかし、その量があまりに大量だったため、とんでもないインフレが巻き起こります。

この金銀が経済の活性化に用いられていたら、物が豊かになり、インフレなどは起こらなかったはずです。でもそうならなかったのは、これらの金銀の使い方がよくなかったからです。

スペインの黄金期を築いたスペイン王のフェリペ2世は、狂信的な護教論者で、世界全体をカトリックの国にすることに執念を燃やしていました。そしてカトリックの普及や改宗、とくにプロテスタントの信者たちを武力で屈服させてでも改宗させるために金銀が費やされた結果、ムダに金が出回り、インフレになってしまったのです。これは一般大衆に

とっては大変悲惨な時代で、物価は10倍以上にはね上がりましたが、実質賃金は0・4倍に縮小してしまいました。

17世紀に入るとオランダが政治と経済の覇権を握りましたが、その過程で起きたのが80年にわたって続く独立戦争（1568～1648）です。独立を目論んだスペイン領ネーデルラント（現在のオランダとベルギー）に対し、スペインは中南米から持ち込んだ金銀の大部分を、ネーデルラントを屈服させるための軍資金に回します。ですから、これも16世紀が「インフレの世紀」となる一因となりました。

戦争では本来、物を作り出すために必要な労力や金銀が、物を破壊し、人を殺傷するために費やされます。さらに生産活動や交易まで抑制されるので、結果的に物が不足していきます。それでいてお金は出回っているので、お金の価値が下がってインフレとなってしまうのです。

そもそも、オランダが独立しようとしたのは、市場経済という新しいしくみを積極的に育てていたからです。宗教的には新勢力のプロテスタントで、毛織物生産で経済の先進地となりつつありました。しかし、新興勢力のプロテスタントを目の敵にしていたフェリペ2世は、異端審問や増税などでネーデルラントの人々を圧迫し、長く続く悲惨な戦争へと突入していきました。

ただし、17世紀に入ると大きな戦争は少なくなり、平和な時代が続くことになります。ヨーロッパの中心部で起きた大戦争は、神聖ローマ帝国を舞台に繰り広げられた、ドイツ三十年戦争（1618~48）ぐらいでした。この時期はヨーロッパだけでなく、世界全体が寒冷化していました。農作物も収穫量が激減し、飢饉や疫病がよく起きていました。そのため、戦争を起こそうとする意欲も失われていったのです。

戦争で金銀を浪費することがなければ、貨幣の流通量を増やさないかぎり、経済は自然とデフレ気味になります。飢饉や疫病に悩まされてはいたものの、物価が0・6倍と大幅に下がり、ヨーロッパの人々の生活レベルが向上していきました。また、疫病で多くの人が亡くなったことで労働力の希少性が高まり、実質賃金が1・5倍になりました。17世紀は、労働者にとって悪くない時代でした。

対照的なヨーロッパの18世紀と19世紀

しかし、18世紀になると再び戦争が多い時代になります。わずか5歳でフランスの王位

についた、「太陽王」ルイ14世がヨーロッパ各国に戦争を仕掛けたからです。そして莫大な戦費を投じた結果、フランスはヨーロッパ最大の金満国家の地位から転げ落ちてしまいました。ちなみに、このときフランスに代わって首位に躍り出たのが、ヨーロッパでの戦争にお金をかけなかったイギリスでした。

18世紀に戦争が頻発したもうひとつの理由として、王位継承争いがあります。17世紀は、飢饉や疫病が蔓延して多くの人が亡くなりましたが、王室も例外ではありませんでした。ヨーロッパ各国で国王や皇帝の血統が途絶え、王位継承戦争が頻発するようになったのです。そしてアメリカ独立戦争、フランス革命、ナポレオン戦争と、大きな戦争が立て続けに発生しました。

そして18世紀には、戦争の質も大きく変わっていきます。18世紀前半に頻発した王位継承戦争は、兵士たちに「自分たちの戦争」という認識はなく、傭兵としての給料を稼ぐためにやらされている感がありました。ところが、後半の戦争はいずれも国民として「自分たちが戦う」という意識が強くなり、王族や貴族が中心だった戦争と比べ、動員できる兵士の数や物資がケタ違いに大きくなりました。

仮にナポレオン戦争以後も大規模な戦争が発生し、「戦争の世紀」が19世紀まで続いていたら、ヨーロッパの経済成長ははるかに遅いスピードで進行したはずです。そして、現在我々が過ごしている世界も、もっと貧相なものだったかもしれません。そうならなかったのは、戦争が頻発したことで「もう争いはコリゴリ」となったからだと思います。戦争が続けば平和を望むようになり、平和が続けば戦争を望むようになる。そのサイクルが、ちょうどほぼ1世紀だったのです。

18世紀は戦争が立て続けに発生しましたが、その結果、17世紀には下落傾向だった物価が上昇に転じます。戦争で物が枯渇し、物価は3・6倍も上昇しました。一方で実質賃金は0・6倍に圧縮されてしまい、物価の上昇に賃金がついていけず、人々の暮らしは再び苦しくなっていきました。

この時代の政治覇権を握ったのはフランスでしたが、経済覇権を握ったのはイギリスでした。そしてこの両国は、ドーバー海峡を挟んで激しく対立します。

フランス革命後、同国の皇帝となったナポレオン・ボナパルトは、イギリスの経済活動を封じるために経済封鎖令を敷きます。するとイギリスは、フランスに対していわゆる「逆封鎖」を仕掛けます。こうして英仏間で〝経済戦争〟が勃発しますが、それまでの社会は、政治と経済は別物と考えられてきました。しかし、これを境に経済と政治は密接に絡み合うようになり、戦争も政経が一体となった総力戦の様相を呈していきました。

結局、ナポレオンがロシア遠征に失敗したのを機に反ナポレオン勢力が攻勢に転じ、ナポレオンを失脚させます。そして1814年から翌年にかけて行われたウィーン講和会議で、ヨーロッパの混乱がようやく収拾へと至ったのです。

ウィーン講和会議のあと、第一次世界大戦が始まる1914年までは、ヨーロッパでは大きな戦争がほとんど起きませんでした。1866年には統一ドイツの中核を成すプロイセンとオーストリアが激突した普墺《ふおう》戦争が起きましたが、わずか2カ月で終結しています。また、1870年にはプロイセンが第2帝政フランスに攻め込む普仏《ふふつ》戦争が起きていますが、フランス軍がまったく無抵抗に近い形で降伏しており、こちらも2カ月足らずで戦争が終わっています。

ヨーロッパというのはとにかく戦争が多い地域で、英仏百年戦争が起きた1337年以来、延々とどこかで戦争が繰り広げられてきました。そのため、100年にわたり平和が続いた19世紀は、かなり稀な時代だったと言えます。

政治・経済覇権は
イギリスからアメリカへと移っていった

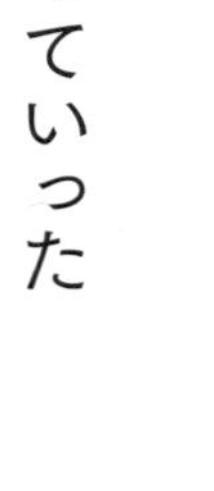

平和な時代が続いた19世紀のヨーロッパはデフレの時代で、物価が0・49倍になったのに対し、勤労者の実質賃金は3・19倍になりました。ここまで勤労者の実質賃金が上昇したのは、世界でも初めての例です。19世紀は市場経済が世界を席巻した時代で、ヨーロッパの一般国民の生活も豊かになっていきました。戦争で物が枯渇することもなく、潤沢に出回るので、じわじわとデフレになっていったのです。

そして、人々の暮らしが豊かになった一方で、イギリスのロンドンからアメリカのニューヨークへと政治・経済の覇権が移っていきます。この覇権の移行をもたらしたのが、1873年から1896年の「大デフレ時代」です。

この時期、イギリスの工業生産は約1・5倍伸びています。これも相当高い成長率ですが、アメリカは3倍以上、ドイツもアメリカほどではないですが、それでも3倍前後は成長した時代でした。イギリスで工業生産が伸び悩んだのは、このときすでに植民地経営と金融に特化していたからです。金融業というのはデフレの時代にはまったくダメですから、イギリスにとっては地価が下がり、農作物の価格が下がり、貴族や大地主が大勢没落していきました。つまり、体制を支えていたような人たちがとても苦しんだので、「デフレはダメだ。何がなんでもデフレだけは避けなければならない」という意識が刷り込まれていったのです。

一方、アメリカやドイツにはそういった貴族や大地主はほとんどいなかったので、工業生産の伸びがストレートに、国全体の伸びにつながっていったのです。そのあたりで、すでに経済覇権はイギリスからアメリカへと移りつつありました。

そして100年続いた平和の時代は、1914年6月、サラエボで起きたオーストリア皇太子夫妻の狙撃暗殺事件を機に、唐突に幕を閉じます。そこから第一次世界大戦が勃発して「戦争の世紀」へと突入していきますが、この大戦ではヨーロッパ各国が二分して消耗戦を展開し、4年にわたる争いで戦闘員・非戦闘員合わせて2000万人近くが犠牲になりました。

第一次世界大戦でヨーロッパ諸国が疲弊すると、政治覇権もアメリカへと移っていきます。経済覇権は前の世紀からニューヨークに移りつつありましたが、政治覇権も握ったことで、20世紀は「アメリカの世紀」となるのです。

アメリカが台頭した背景には、「地政学上の利」があります。北アメリカ大陸はヨーロッパと違ってライバルとなるような大国がなく、攻め込まれて占領されるというリスクがありませんでした。20世紀には2つの世界大戦がありましたが、日本やヨーロッパ諸国が被害をこうむったのに対し、遠く離れたアメリカ本土はほとんど被害にあわず、その結果、大戦後に世界経済をリードすることができたのです。

戦争インフレでのし上がったアメリカ

現在では、「世界の盟主」として傲慢な態度に出ることも珍しくないアメリカですが、政治・経済覇権を握るまでは自己卑下に追い込まれる知識人も少なくありませんでした。その背景にあるのは、1861年から65年にかけて起きたアメリカ南北戦争です。

19世紀のヨーロッパは戦争がない「平和な世紀」でしたが、アメリカでは南北戦争でおびただしい犠牲者を出し、国土が荒廃しました。そのため、アメリカ国民の間では「開明的なヨーロッパでは戦争が起きなくなっているのに、歴史が浅い我が国では自国民同士で殺し合っている」と、深刻に自己卑下するようになったのです。

1870～90年代のアメリカはとても平和で、デフレも持続し、実質経済成長率も飛躍的に高まりました。にもかかわらず、アメリカ国民は深刻な自省に明け暮れる日々を過ごしていました。こういうことを書くと、「黒人奴隷を解放して自由にするという崇高な目的にために命がけで戦った人たちが、なぜそんなに暗い気分になるのか？」と不思議に思う方も多いでしょう。ですが、それは南北戦争の目的を開戦後の北軍のプロパガンダどおりに理解しているからなのです。

南北戦争は、黒人奴隷を解放するかどうかをかけて戦われた戦争ではありませんでした。のちに南部同盟を結成する南部諸州の有力者たち、とくに大きな綿花プランテーションの持ち主は、アメリカ合衆国の版図が広がるにつれて、綿花の栽培には適していないため黒人を奴隷としない「自由州」が増えていくことに危機感を抱いていました。「このままでは、いずれ連邦議会で奴隷解放法案が通ってしまう。それを阻止することはできそうもないから、アメリカ合衆国から脱退しよう」ということになったのです。アメリカ合衆国の憲法を素直に読めば、州が独立国であってUnited States（連邦）は州同士の友好親睦団体のようなものですから、自由に脱退する権利はあると主張したわけです。

当時のアメリカ大統領エイブラハム・リンカーンを中心とする共和党を支持していた北

部の産業資本家たちは、「今、南部からの綿花輸出で稼いだ財源を使えなくなっては困る」と考えて、州ごとに奴隷制を維持したければ維持したままでもいいから、合衆国からの脱退だけは勘弁してくれと主張したわけです。そして、南北戦争とは本来脱退できるはずの合衆国からの脱退を南部の諸州にさせないために、武力で強引に合衆国に引き留めるための戦争だったわけです。

ただし、実際に戦争がはじまってから北部の政治家たちが行なったキャンペーンは、「黒人奴隷を解放するための正義の戦争」というものでした。でも、もちろん、悲惨な戦火を経験した南部の人々だけではなく、北部の人々さえアメリカ国民一般にこのキャンペーンの偽善性は分かっていました。ですから、当時の新興国アメリカは、新興国にありがちな自信過剰というよりは、深刻な自国内の戦争を体験し、心に傷を負った状態で世界経済に占める地位を上げていったのです。

その後、2度の世界大戦を経てアメリカは超大国へとのし上がるわけですが、そもそも戦争というのは、大勝してもマイナスのほうがはるかに大きいです。しかし、大企業にとって戦争は絶好の稼ぎ時でした。

例えば、アメリカ最大の化学メーカーで、世界有数の火薬メーカーでもあるデュポン社は、火薬を作る会社なので、戦争が起こるたびに多大な利益率を出しています。デュポン社は1854〜56年に最初の利益率のピークを迎えていますが、これは1853年にクリミア戦争（第一次ロシア・トルコ戦争）が起きたからです。もちろん、1861〜65年の南北戦争でも、デュポン社は多大な利益を得ています。

そして、デュポン社が空前絶後の高収益を得たのが、1914〜17年に起きた第一次世界大戦です。とくに1916年には、純利益額は1913年の15・5倍に達しました。デュポン社に限らず、他の業界でも画期的な利益向上を経験しましたが、一方で、深刻なインフレの蔓延も招いています。

戦争中にインフレが発生するのは、非生産的な破壊活動により物が不足するだけでなく、それまで生産活動に費やしていた労働力を戦争に回すことで、交戦諸国の経済規模は縮小していきます。そして、毎年集めている税金だけでは戦費がまかなえないので、国の借金（国債）で調達して戦争を続けるわけです。

たくさん出回ったお金で少なくなってしまった物やサービスを追い求めるので、戦時中はインフレになりやすくなります。では戦争が終わるとすぐにインフレが収束するかといえば、そうとは限りません。なぜなら、戦時中に借りた国債を返さないといけないからです。

では、その借金をどう返すかというと、これはもう圧倒的にインフレにしたほうが返しやすくなります。そのため、戦争が終わったあとも、政策当局はインフレを長引かせたがる傾向にあります。何百分の1、何千分の1、あるいは何万部の1という感じの物価になれば、国は借金（国債）を返すのがとてもラクになります。これは、借金の部分的な踏み倒しと言えるでしょう。

経済学者がデフレよりもインフレに好意的な理由

戦争インフレがひと段落して真に平和な時代が到来すると、経済基調はデフレに転じます。平和な時期には、人々が物をつくることに労働力を集中させられるので、生産活動も活発になります。さらに、暮らしを便利にしたり、物を安く量産するための科学技術も発展していくので、品質がよくて安い物が市場に出回り、人々の暮らしも豊かになっていきます。

物が潤沢に出回るようになると、わざわざ金融政策としてお金の流通量を増やすような

ことをしなければ、物の値段は安くなっていきます。同じ100円でも、買える量や数が増えていく。これがデフレなのです。

こうした点を踏まえれば、インフレよりもデフレのほうが市民にとって豊かな生活ができるというのは一目瞭然です。しかし、世の中には「デフレは悪」という考え方が何となくあって、なかには物の値段が下がって買いやすくなったのに、それを悲観的にとらえる人もいます。

デフレを悪ととらえる向きがあるのは、デフレになると困る人たちがいるからです。一般的に、インフレからデフレになると借金の元本は目減りするどころか徐々に拡大するので、借金をしている人にとっては不利になります。とはいえ、一般市民で「デフレになると借金の目減りが増えるから困る」と考える人は、そんなにいないはずです。

デフレで本当に困るのは、事業や政策を進めるためにたくさんのお金を借りている国や地方自治体、企業などです。こうした機関や企業では常態的に借金をしていますが、その状態でデフレになるのは嫌なわけです。そのため、デフレよりもインフレに対して好意的になるのです。

そして経済学者の世界でも、インフレに好意的な人が多くて、デフレに好意的な人は少ないという傾向があります。経済学者には2つの主要な生産物があって、ひとつは自分が書いた論文、もうひとつが、自分が大学・大学院で教えた学生です。この2つを受け入れてくれる〝お得意先〟は、デフレよりもインフレに好意的な国や地方自治体、一流企業、大手金融機関なのですから、経済学者が「デフレよりもインフレのほうがいい」と唱えるのも無理ありません。

デフレを好む零細企業や個人世帯を相手に、商売している経済学者であれば、「インフレよりもデフレのほうがいい」と言ってもいいかもしれません。しかし、経済学者がデフレを好む人たちを相手に商売をするのは至難の技です。世の中のありとあらゆる産業でやっているように顧客志向のマーケティングをすれば、「インフレのほうがいいよ」と言ったほうが、はるかに商売がしやすいのです。これが、経済学者の大部分がデフレよりもインフレを支持する最大の理由だと、私は思います。

「戦争が多い世の中と平和な世の中、どちらがいいですか?」と訊かれ、「戦争が多いほうがいいです」と答える人はまずいないはずです。しかし、戦争とインフレは密接に結びついているわけですから、インフレと戦争を歓迎しているとしか思えないような発言をする経済学者が多いのです。

中には「デフレは怖い」と主張する人たちもいますが、そういった人たちの主張というのは本当に支離滅裂です。彼らは「デフレになると、人は『(物の値段は)もっと下がるだろうから、もう少し買うのを待とう』となり、誰も物を買わなくなる。すると物価はますます下がり、生産高も下がり、縮小均衡が進んでそのうち何ひとつ物がなくなり、餓死してしまう」と、大真面目に主張しているのです。

価格のメカニズムというのは、安くなったものはたくさん買い、値が上がったら購入を控える、購入者が減るというのが基本中の基本です。彼らはインフレの利点について、「物の値段が上がれば、人はもっと高くなるから、早めに買っておこうとなり、物の値段はますます上がる」と考えていますが、これはあまりに非現実的な話ではないでしょうか。

物価と実質賃金がともに上昇した20世紀

20世紀は、物価の上昇がとても激しい時代でした。物価は約67倍に跳ね上がりましたが、一方で実質賃金も3・2倍と、19世紀と同じくらいの上昇がありました。1世紀のうちに実質賃金が3倍になるということは、相当豊かな生活ができているということになります。

普通、物価が上がれば実質賃金は下がり、生活が苦しくなるものです。にもかかわらず実質賃金が上がったのは、製造業の大型化が関係しています。

1860年代半ばから約1世紀、1960年代ぐらいまでは、世界経済史の中でもっとも製造業の大型化が進んだ時代でした。例えば、鉄鉱石を掘り出してから鋼鉄という製品にするまでの作業において、大規模な溶鉱炉をときどき使うとかえって効率が悪くなるので、何十時間何百時間と続けて操業できるシステムが開発されていきました。

また、機械化が進んで大勢の工場労働者を軍隊的な規律で動かすようになり、重厚長大産業の大規模化が進みました。これが、インフレの時代だったにもかかわらず、実質賃金も上がった要因のひとつだと思います。

また、この時期は労働組合がもっとも普及し、力を持っていた時代でした。市場経済に基づく効率的な生産活動が始まったばかりのころの工場というのは、20～30人、多くても100人ぐらいの規模でした。工場の責任者は所有者であり、職工の親方でもあったので、顔見知りの労働者を使って動かしていました。こうした工場では、組合自体もそれほど大きくないし、親方（所有者）と日々顔を突き合わせているので、「組合」という立場で「経営者」に対立する行動をとるのが難しいという面がありました。

しかし、工場の経営規模が拡大し、何千人何万人が働く工場が稼働するようになると、状況は変わってきます。一人ひとりの工員の名前なんて覚えていられないし、機械化が進んで似たような作業をする労働者が増えるので、似たような境遇の人たちが団結して、労働環境を改善するための活動もやりやすくなるわけです。

また当時の資本家は、工場労働者たちの要望に応える余裕がありました。妙にケチってストライキなどが起これば、そちらの方がダメージが大きかったからです。多少は労働者の言うことを聞いて、その生活を改善しながら働き続けてもらったほうが、ずっと得だったのです。こうして、大規模工場で働く工員の生活環境は画期的によくなりました。日本と欧米の経営観について、「日本人は情のある経営をするけど、欧米ではビジネスライクな経営をする」と比較をする人がいますが、実はそんなに変わらなかったのです。

その一方で、中小企業や農業従事者の労働環境には変化がなく、徐々に取り残されていきました。中小企業の人たちは何とか大企業に潜り込もうとしたり、農業従事者は政府の援助を得るなど、苦しい時代が続きました。

工場の大規模化にともない、労働者の生活環境は向上していきましたが、１９７０年代以降は、そうもいかなくなります。その最大の要因は、経済活動の中心が重厚長大型の製造業から、さまざまなサービス業に移ったことです。

製造業の時代は経営も簡単で、ライバルよりも早く巨大マーケットシェアを得るために、先行的に資本を投下し、大規模経営でライバル企業がついてこられないような低価格でしっかりとした品質の商品を売りさばけば、利益がついてきて、ライバル企業をさらに引き離すことができます。そういう時代は、大企業に就職すれば一生安泰でした。

しかし、先進諸国では物に対する需要がほぼ満たされるようになり、「もっと人間的なサービスを受けたい」という需要が拡大してきます。こうして第三次産業（サービス業）が盛んになりましたが、それにともない、世界中で労働組合活動が下火になっていきます。そのため、サービス業が主流になってからは、労働組合の組織率も低下していきました。

高い利益率を出すようになった金融業界

また、製造業の製品に対する需要が落ち着くと、今度は金融業がものすごい利益率をたたき出すようになります。ほとんどの産業の利益率は下がっていき、製造業でも高級化などで利益を維持していくのがやっとという状態になります。高級化は「安くていいものを

たくさん作る」という発想とは正反対なので、そんなに量をこなせるわけではありません。ですので、利益率が維持できればいいほうで、大部分は利益率が下がっていきました。

一方で、金融業という、本来は経済全体の潤滑油みたいな業種で、それ自体はそんなに大きなシェアは占めていない産業が台頭していきます。金融業の利益率上昇が始まると、世の中一般の傾向だった「先進諸国で、平和で豊かな生活ができているほど利益率は低い」という法則も怪しくなってきます。

一般論として、経済発展の先頭に立ち、技術革新の旗振り役だった国ほど国内で稼げる企業利益率は低いという傾向があります。産業革命期のイギリスは、その代表例と言えるでしょう。さまざまな技術があっという間に類似商品を生み出すライバルにマネされて、ギリギリの価格競争に巻き込まれます。そして、そのライバル企業との間で間断なく行われる価格競争によって、利益率は徐々に下がっていきます。

先進諸国では、「この分野に注目すれば、高い利益率が得られる」という〝見逃された成長分野〟は時代の経過とともになくなっていきます。そうすると、先進諸国は経済発展が遅れている地域に進出し、高い利益率を得るための生産活動を展開します。こうして世界全体が市場経済の網の目に取り込まれていき、1960年代ごろには、アフリカの奥地ぐらいしか網の目に取り込まれていないところはないという状態になりました。

こうなると、「経済発展が遅れた地域でビジネスを展開すれば、はるかに高い利益率が得られる」というのも、そんなに顕著ではなくなってきました。ちょうどそうなったころから、アメリカを中心に金融業が突出した利益率をあげるようになります。金融業の利益率の高さによって、一国の企業部門全体の利益率が引き上げられるという状況にまで行くわけです。これはとても不思議で仕方がありません。

というのは、金融そのものはそんなにハイテクではなく、預金という形で小規模の貸し手から非常に低い金利でかき集めた資金を、まとめて大きな利益率が期待できる分野に融資・投資して利益を得るという、原理的には単純な商売を昔からしていたからです。

長いこと米英系の外資の証券会社で株式市場のアナリストをしていた私としては、「何でこんな商売で高い利益率が出せるんだろう?」と不思議に思っていました。なぜなら、他の業界では人の消費活動を支えるような物やサービスをつくって商売をして、まっとうな利益を出すのに四苦八苦しているからです。金融業というのは、そういう物やサービスをつくる業界に資金を供給するだけで、しかもその大部分は自分が持っているお金ではなく、人から借りてきた資金を貸すという鞘《さや》取り商売をしているだけなのに、何でこんなに利益率が高いんだろうと思っていました。

原油を利用して利益率を高めたアメリカの金融業界

しかし、最近になってその謎がやっと解けた気がします。それは原油の価格が関係しています。

昔、原油というのは市況商品の中でも延々と安値の時代が続き、10年から20年の間に一度高くなるけど、しばらくするとまた価格が下がり、また安値の時代が延々と続くという商品でした。しかし、１９７１年のニクソン・ショック（金兌換停止）、２度のオイルショックなどにより、万年割安だった原油価格が高値をつけることも多く、それまでとは性格が異なる商品になりました。

世の中の一般的な感じ方としては、「産油国は掘って売れればそれでもうかるから笑いが止まらない」「日本やドイツのような原油を輸入に頼る国は、壊滅的な打撃を受ける可能性がある」「自国でもエネルギー生産ができるアメリカのようなところは比較的マシ」という感じでした。しかし、実はそうでもなかったのです。

例えば、我々は「アメリカはとくに金融業の利益率が高い」と思い込んでいますが、アメリカの企業利益率は海外でやっているビジネスの利益率を除いて考えると、今の利益率は1930年代から60年代にかけての平均的な利益率より、ほんのわずかに高いだけなんです。昔が10％前半で、今は10％の後半ぐらいです。当時と昔では、企業利益率全体の対GDP比率が跳ね上がっているにもかかわらず、国内での企業利益率はそんなに変わっていなかったのです。

なぜこのような状況になったかというと、アメリカの企業が利益のかなりの部分、約4割を海外で稼ぐようになったからです。その結果、アメリカ国民の生活水準はほとんど変わらないけれど、企業利益はどんどん増え続けるという構図になりました。

アメリカ企業が海外で行う経済活動では莫大な利益が出ましたが、その大部分は産油国がため込んだ資金を世界各国、中でもアメリカ国内に投下させ、ほぼ100％利益となる手数料で稼いだものです。しかし、これはどう考えても持続性がある話ではありません。なぜなら、原油価格というのは、必ずしも安定したものではないからです。

原油価格は第二次オイルショックの直後ぐらいにピークを迎え、そのあとは長いこと下落か横ばいの状況が続いていました。当時は産油国のお金が貯まりまくっていたので、どこかに投資しなければいけないという、ぜいたくな悩みがあった時代でした。

それが画期的に変化したのが、１９９０年代半ばぐらいからです。この時代から徐々にアメリカ金融の帝国主義化と呼ばれる、海外で稼ぐような時期になってきましたが、一方で中国はアメリカに対する輸出と投資、国内消費を3本柱とする成長経営がうまくいかなくなってきて、「アメリカに対する輸出」と「投資」に依存する2本柱の経営に軸を移した時期でした。

そして、この2本柱を成長させていく過程で、中国は膨大な量の資源を輸入して、輸出製品をつくったり、自国内で投資したりするようになり、原油価格が上昇していきます。莫大な利益を得た産油国はさまざまな投資を行っていくわけですが、このとき大きな役割を果たしたのがアメリカの金融業界でした。

原油価格の停滞が世界経済を様変わりさせる!?

この構造が純化する機会となったのが、２００2年のハイテクバブル崩壊です。それまでのアメリカは、中国からの輸入が年率16～17％の割合で伸びていましたが、ナスダック

指数が暴落し、テクノロジー株がほぼ壊滅的な打撃を受けた結果、中国からの輸入総額は1％台まで成長率が落ちてしまいました。

2本柱の一角だったアメリカへの輸出がうまくいかなくなったことで、中国はますます投資に傾斜していきます。普通の国民経済だと消費が60～70％、投資が20～25％、残りが政府消費や純輸出ですが、中国では45％が投資で40％が消費、残り15％が純輸出という、とんでもない構図になってしまいました。

そしてこの投資のために、中国はものすごい量の天然資源やエネルギー資源、金属資源を買い続けましたが、この過剰投資体質が維持できない段階まできています。習近平国家主席も2014年の暮れに、「今まで行ってきた中国の投資は、国民経済の2割分ぐらいはムダだった」と認めたほどです。テナントが誰もつかないような超高層ビル、誰も通らないような道路など、まさに大陸的なスケールでムダな投資を行っていたわけです。

投資というのは、投下する資金が物やサービスをつくるために使われて、それが徐々に回収されて新しい投資の資金になるわけですが、中国のように投資する一方で回収ができないと、投資した側は資金を維持できなくなってしまいます。そのため、中国ではGDP（国内総生産）成長率が7％前後と発表されていますが、実際にはもっと低く、プラス成長が維持できるかどうかの瀬戸際に立たされていると思います。

それを象徴しているのが、昨今の原油価格の低下です。中国に資源を購入する資金力がなくなり、高騰していた原油の値段が元に戻ろうとしているのです。そして原油だけでなく、他のエネルギー資源や金属資源の購買力も落ちているので、中国にこれらの資源を輸出しているオーストラリアやカナダ、ブラジル、インドネシアなどの経済は、今後厳しくなると思います。

原油を輸入する国が減り、産油国が今までどおりに経常黒字を維持できなくなってくると、そこで荒稼ぎをしていたアメリカの金融業界にも影響が及びます。そのため、今後も原油価格が停滞し続ければ、世界の経済の流れも様変わりしていくでしょう。

戦争が発生する「3つの要因」

世界の経済の流れが変わることで、「再び世界大戦のような大きな戦争が起きるのでは?」と不安を抱く人もいます。たしかに、最近はロシアによるクリミア半島の併合やイスラム国(IS)など、不穏なニュースが流れています。尖閣諸島や南シナ海における中国の動

静も、不気味といえば不気味です。しかし、あの2度の世界大戦のような惨禍が再び起きる可能性は、限りなくゼロに近いのではないでしょうか。

そもそも、戦争が起きる要因というのは、大雑把に分けて3つしかありません。ひとつ目は、食っていけないから人の持っている食料を奪おうとするもの、2つ目はエネルギーや金属などの資源を収奪するためのもの、そして3つ目が、主義主張や宗教、理念による対立で生じる「理念の戦争」です。

ひとつ目に関しては、もはや現代社会では起こり得ないものです。アフリカの最貧国でも、直接飢えを理由に戦争を起こすことはないと思います。

資源については、「貴重な資源は必ず枯渇し、希少価値が高まるほど、産出国に対して戦争を仕掛ける可能性が高まる」と唱える人もいますが、これは世界経済史の趨勢とは大きくかけ離れています。というのは、国民全体が資源にかけるコストは歴史が進むにしたがって減ってきているからです。

1600〜1700年代までは、どの国でも農産物に7〜8割のお金をかけていました。残った稼ぎで、商品や製品を買っていたんです。ところが、だんだん経済が発展してくると、普通の先進国が農業生産物にかけるコストは2〜3％程度になります。代わってのし上がってきたのが工業生産物にかけるコストで、一時は3～4割に達しました。しかし、主幹産業が工業・製造業からサービス業に移ったこともあり、現在は2割前後で落ち着いています。

農業や工業にかけるコストが減っているということは、国民全体が資源にかけるコストが減ってきていることも意味します。そのため、よほど好戦的な独裁者でもいない限り、「戦争を仕掛けて資源を分捕ってやろう」とはならないのです。

そして、3つ目の「理念の戦争」についてですが、本当に自分たちの理念を広めようとして、人を殺してでも押しつけるとか、そういう「原理主義的」な人間が大きな経済力を持つ国で権力を握って戦争を起こすことはあまりないのではないかと思います。本当に価値がある理念であれば、もっと別の方法で広める手段がありますからね。それでも「理念の戦争」が増えている背景には、「中立国を有利にさせたくない」という思惑があるからです。

戦争の破壊力は時代の経過とともに増していき、戦争をする当事国は、勝っても負けても経済的に疲弊するようになりました。当事国が疲弊すればするほど、戦争に参加しなかった第三国は有利になります。そこで有利になる国を減らすため、高邁な理念を掲げて戦争に参加するよう呼びかけるのです。

　こうして多くの国を引きずり込んだ結果、大勢の犠牲者を出してしまったのが第一次世界大戦でした。第二次世界大戦では中立を宣言する国も多数ありましたが、それでも無理やり戦争に引きずり込まれた国も少なくありませんでした。

　高邁な理想を掲げて戦争（殺し合い）をするというのは、どう考えても人類が立派になった、進化した証拠とは思えません。むしろ、理念の崇高さと実際にやることの野蛮さの落差が広がって、人類が偽善的になったとは言えるでしょう。

　とはいえ現在の世の中で、崇高な理念を掲げて大戦争を仕掛ける国はまずないと思います。なぜかというと、大戦争を仕掛けるほどの余裕がある国はないからです。そんなことをすれば、自国民の生活水準が低下し、経済もボロボロになるのは目に見えているからです。

　基本的に、航空機による空からの爆撃が実用性を持った時点から、戦争は人類にとって経済的に間尺に合わない行為になりました。経済的に発展した国ほど、大都市圏に巨額のコストをかけて築いた生活インフラ・生産インフラが集中しています。そして、人間は空襲を受けたら逃げることができますが、大都市は逃げることも隠れることもできません。

第二次世界大戦後、アメリカや旧ソ連や昔の宗主国に戦いを挑んだ国や政治勢力の共通点を考えてみましょう。自国の大都市圏があまり発展していないので、そこに敵を引きずりこんでも支払う犠牲はあまり大きくないという国か、自分の本拠地でさえ敵対勢力に支配されているので、そこのインフラを壊してもらっても構わない、むしろ社会不安が高まるから歓迎するという、自国内でさえも少数派勢力だったことが非常に多いのです。

２０１４年3月、ロシアがクリミア半島を編入しましたが、だからといって欧米諸国と正面切って戦いを仕掛けようとはしていません。戦いの旗を振りかざしても、勝ち目がないからです。事実、クリミアを編入したロシアは経済制裁を受けましたが、それだけで国内経済が危機に陥っています。ここからさらに突き進み、ウクライナ全体を支配するとか、そういうことにはならないと思います。

ここまでお読みになって、「人間一般はともかく、偉大な帝王と呼ばれるような人たちには、もっと広い領土と大勢の人間を支配したいという征服欲がある。これを無視して戦争の原因がなくなったなどと議論しても、説得力がない」とおっしゃる方もいるでしょう。でも、ほんとうにそうでしょうか。

私の戦争史の知識は浅薄かもしれませんが、征服欲に駆られて歯止めが効かなくなったような事例は、マケドニアというギリシャの辺境から出発して、インドからエジプトにいたる大帝国を築いたアレキサンダー大王と、モンゴル帝国の創設者であるチンギスカン、それにフランス革命戦争を大帝国創設のための戦争に変えてしまったナポレオンくらいしか思い当りません。共通点は、どの大帝国も2代も保てずに、分裂し弱体化したことです。

それに、「広い領土と大勢の人間を支配すれば、それだけ豊かになる」という考えがある程度正しいのは、いやいやながら命令で働かせる奴隷や農奴と、自発的な勤労意欲を持って働く自由民とのあいだに、あまり大きな生産性の違いがなかったころの話でしょう。市場経済が発展してからは、同じような文化・文明の水準を達成した国同士での征服や占領は深刻な政治・社会問題を招きよせるだけで、ほとんど経済的な利益をもたらしていません。

過去の同盟関係から考える日本の安全保障

また、「中国が日本に戦争を仕掛けるかもしれないから、危機感を抱いていないといけない」と唱える人もいますが、これも可能性としてはありえない話です。

ただ、「仮に中国側が攻撃を仕掛ければ、それは日本の同盟相手であるアメリカも敵に回すことになり、ロシアのような経済制裁を受ければ、中国はあっという間に崩壊への道を歩んでいくはずだから、中国は日本に戦争を仕掛けられない」という発想は危険です。もしほんとうに中国に日本を戦争に引きずり込む気があるとしたら、日米安保条約はほとんど頼りになりません。そして、日本人は日露戦争に突き進む過程で軍事力に優劣がある2国間の軍事同盟は、優位に立つ国に一方的に有利に運用されるという教訓を学んでいなければいけないはずなのです。

1904年の日露戦争開戦直前の1902年に、日英同盟が締結されました。当然のことながら、日本はロシアとの戦争に踏み切る際に、イギリスの意向を打診しました。すると、イギリスからの答えは「もしドイツやフランスが三国協商を根拠に参戦したら、イギリスもドイツやフランスとの戦争は辞さない。だが、実際に戦火を交えるのが日露両国にとどまるかぎり、イギリスは厳正中立を守る」という木で鼻をくくったようなものでした。

同盟国である日本に対して「厳正中立」というのは、日本が戦端を開こうとしている相手国ロシアに対する「好意的中立」と同じことです。香港の租借地を始めとして中国大陸に大きな利権を持っていた大英帝国としては、日本が近代国家として強くなるほうが、自国民のあいだで支持基盤が揺らいでいるロシア帝国が満州を支配下に置くよりはるかに危険だと判断して、日本に対していっさい直接的な支援はしないという方針を取ったのです。

ただし、条文解釈論議をすれば、このイギリスの冷淡な対応には、なんの問題もありませんでした。第一次日英同盟は「同盟国が2ヵ国以上の敵に攻撃された場合に、同盟国を支援して参戦する」ということになっていましたから、交戦国が日露両国にとどまっているかぎり、イギリスに参戦や日本支援の義務はなかったのです。

結果的には、マッキンレー大統領が暗殺されたために副大統領という閑職から昇格した、セオドア・ローズヴェルト大統領が日本を強力に支援してくれたので、日本はロシアとの戦争を有利に進めることができました。でも、その有利さは薄氷を踏むような危ういものでした。アメリカでも、当時のヘイ国務長官は「ロシアに満州を任せて朝鮮半島を中立化するより、日本に朝鮮半島を任せて満州を中立化するほうが、アメリカにとってはるかに危険だ」と親露路線を強硬に主張していたからです。

そもそも、セオドア・ローズヴェルトは海軍次官をしていた米西戦争のときに、海軍長官の休暇中に直属の上官である海軍長官にも、最高司令官である大統領にも無断でマニラ湾侵攻という命令を出して、アメリカをスペインとの戦争に引きずり込んだ危ない人物でした。だからこそ、名誉はあるけど、権限も職責もほとんどない副大統領というポストに祭り上げられていたのです。

セオドア・ローズヴェルトが親日政策を貫いた理由は「日清戦争の過程で、当時の大韓帝国は、大国の利害を操って独立を守ろうとするだけで、自国の軍隊によって国を守る気概を持たない国だと分かった。だから、他国の支配下に入って当然だ」という、いかにも武断主義者らしい発想で臨んだからです。当時のアメリカ大統領がセオドア・ローズヴェルト以外の誰であったとしても、アメリカもイギリス同様、ロシアに好意的な中立を維持したでしょう。

軍事力が格段に違う2国間の軍事同盟は、劣位の国がどんなにがんばっても、実際の運用では軍事力の強い国が一方的に自国に有利に使いこなしてしまうものなのです。おまけに、日本の場合は、歴史的に非常に平和が長く続くことが多くて、あまり軍事同盟などの交渉をしたたかに行う習慣を持っていません。

現代世界でも、だいぶくたびれの来た覇権国家、アメリカが日中戦争をどう見るか考えてみると、日米安保がほんとうに安全保障になっているとは言えないでしょう。

中国の現体制が崩壊するのは決して悪いことではない

それでは、私が日中戦争はありえないと考える理由は何かを、お話ししましょう。日本と中国は経済的にも密接に結びついていて、中国が戦争を仕掛けて得になりそうなことはほとんどないからです。昔から、食料や資源を奪うための戦争はありましたが、日本という国は天然資源をほとんど持っていません。世界中の主な国々約70ヵ国の中でエネルギー資源・金属資源・食料の自給率がいちばん低いのが日本なのです。

中国が日本に戦争を仕掛けて勝ったとしたら、中国にいったいどんな得があるというのでしょうか。沖縄か九州を中国領にしてしまおうというのでしょうか。それとも、日本全土を中国領土に変えるつもりでしょうか。天然資源なら武力で奪った地域で生産活動を行なっても、それなりの収益は上がるでしょう。でも、比較的均等に知的水準が高く、労働意欲も高い国民以外にはほとんど資源を持たない日本で、中国占領下で大多数がいやいやながら働かされることになる日本国民から、どの程度の生産性が期待できるというのでしょうか。

それでなくても、中国はウイグル族やチベット族といった少数民族の存在に手を焼いています。ただ、どちらも非常に経済力の低い地域に住んでいる人たちなので、なんとか国家分裂の危機というようなことにならずに済んでいるわけです。日本人のように経済力の高い「少数民族」を抱えこんでしまったら、とんでもなく危険だということくらい中国の指導者たちは、よく知っているはずです。

ちなみに、中国の富裕層というのは本当に頭がいい人たちばかりなので、国が危機に瀕したら、家族や資産をともない、さっさと海外へ逃げてしまう可能性が高いでしょう。そのため、いったん崩壊となったら、決着はものすごく早いと思います。しかし、工場などの生産装置は残りますから、それが中国に残ってがんばり続ける人の手に安く渡るでしょう。ですから、中国の現体制が崩壊し、共産党、人民解放軍、国有大企業の幹部たちが中国から大量に逃げ出すのは、決して悪いことではないと考えています。

戦争の規模は時代の経過とともに縮小している

現代の戦争は「国と国による争い」から「テロリストとの戦い」へと変化しており、テ

ロリストは「崇高な理念」を掲げてテロ活動を起こしています。そういう意味では「理念の戦争」であると言えなくもないですが、こうした過激な勢力というのは本当に少数派です。そのため、少数のテロリストに対して国全体が総力を挙げて戦うということにはならないはずです。

テロ事件などが発生すると、「テロに対する報復」と称して軍事行動を仕掛けますが、アメリカ軍は1人のテロリストを殺害するために、日本円に換算して数百億円ものコストを投じています。それでも、軍需産業の関係者は「戦争はなくならない」と言い続け、危機をあおって軍事予算を得ようとしています。

そんなことを言うと、「19世紀末のヨーロッパ知識人たちだって、『戦争は永遠に起きない』と言っていたけど、結局起きたじゃないか」となるかもしれません。しかし、当時は身の回りで戦争を見聞きした人が本当に少なかったのです。

例えば、イギリスはオランダ系ボーア人と南アフリカの植民地化をめぐって争っていますが（ボーア戦争）、これは遠い南アフリカで起きた戦いでした。また、1870年の普仏戦争もわずか2カ月程度で終わった、いわば軍事パレードのような出来事で、本格的な戦争ではありませんでした。そのため、知識人たちは戦争そのものを甘く見ていたのです。

第一次世界大戦も、最初から大戦争のつもりで始めたわけではありません。どの国も「クリスマスまでには終わるだろう」とタカをくっていましたが、あっという間に戦線が拡大し、ヨーロッパ全土が火の海となる惨禍を招いてしまいました。こうなってしまったのも、当時の人々が〝戦争〟というものを知らなかったからです。

知らなかったがゆえに、大戦争に突入してしまった第一次世界大戦では、戦後処理で戦勝国が敗戦国にあまりにも重い賠償金などの罰を課したために、もっと大きな第二次世界大戦を招いてしまいました。ですが、この第二次世界大戦は、あきらかに軍事用語でいう「攻勢終末点」だったと思います。世界中で戦病死や飢死などをふくめると、5500万人もの尊い人命を奪った戦争でしたが、その後の戦争ははるかに小規模にとどまるようになりました。

しかし、現代の人たちは、ニュースなどを通して戦争が何であるかを知っています。さらに言えば、2度の世界大戦のような破壊的な大戦争は起きていませんが、朝鮮戦争（1950~53）やベトナム戦争（1961~75）、イラン・イラク戦争（1980~88）、湾岸戦争（1991）、イラク戦争（2003~11）など、局地的な戦争はあちこちで起きています。こうした戦争がニュースで大々的に報じられるので、「世界は今も戦争が多い」と思う人がいるかもしれません。しかし、実際には戦争の規模は縮小しており、今後もその傾向が続いていくと思います。

20世紀は2度の世界大戦が勃発し、世界経済がインフレへと向かう「戦争の世紀」でした。しかし、戦争と平和、インフレとデフレが繰り返されたサイクルに照らし合わせると、21世紀は平和で、物価も比較的安定するデフレの時代ということになります。そして、政治と経済の覇権をどの国が握るのか？　私は、日本にも十分チャンスがあるものと考えています。

第3章

経済思想家は経済をうまく導いてきたのか

経済学で言うべきことは アダム・スミスが言い尽くした！

経済の歴史をたどっていくと、幾人もの経済思想家が経済論を展開し、後世の人たちに多大な影響を与えていたことがわかります。

そんな中でも、数百年にわたって争闘を繰り広げているのが、管理・統制主義と自由放任主義です。この2つの考え方は手を変え、品を変えながら現代へと至っていますが、最近話題になっているフランスの経済学者トマ・ピケティは、「官僚が優秀なら世の中うまくいく」という、管理・統制の考えの持ち主です。

一方、「国なんかが介入するから経済がうまくいかなくなる。市場のことは市場に任せておくのがいい」という自由放任主義は、初期はオランダ、そして17～18世紀のイギリスで盛んになった考え方です。そして、その潮流でもっとも系統的にしっかりとした理論を立てたのが、イギリス出身のアダム・スミス（1723～90）です。

1776年に出版された『諸国民の富の性質と原因の研究（国富論）』には、「国富とは労働と土地から生産されるもののことであって、紙幣の量ではない」「自由貿易こそが成長への道である」と記されており、経済学の古典として読み継がれています。

私は、経済学で言うべきことはアダム・スミスが言い尽くしてしまい、後の人たちはアダム・スミスに対抗して「官僚が治めればうまくいく」という間違った議論を蒸し返し、換骨奪胎しているだけだったのではないかと思っています。アダム・スミスによる自由放任優位の経済学は、自由貿易を擁護する理論を提唱したデビッド・リカード（１７７２〜１８２３）の思想も加わり、19世紀初めにほぼ完成しました。

ところが、19世紀半ばに登場した植民地経営人脈の経済学者たちによって経済学の主流の座を乗っ取られてしまい、アダム・スミスの思想が埋没してしまいました。しかし、現代社会が抱える経済問題を解決するカギは、すべてアダム・スミスの中にあると私は考えています。

アダム・スミスのラディカル精神はどこから来ているか

古典経済学の鼻祖《びそ》とされるアダム・スミスは、国家を批判し、エリート主義を批判し、国家から特恵的な待遇を受けた巨大企業の無能さ、愚鈍さを痛烈に批判する、気骨ある人

物でした。例えば、ヨーロッパにおけるラテン語崇拝に対する批判にも、アダム・スミスのラディカルな精神が表れています。

ヨーロッパには、ラテン語を知っている人と知らない人を区別する伝統があり、知識人たちは「国が違っても、ラテン語でやり取りできる文化が素晴らしい」と悦に入っていました。しかし、アダム・スミスはそんなラテン語崇拝の考え方を、このように批判します。

「そんなことでは大衆が何を考えているのかわからないじゃないか。古代エジプトのすさまじい階級社会を今の世の中に再現するようなものだ。ラテン語がわかるからといって威張るような連中は、とんでもない悪党だ」

これは現代人が言っても相当反発が出てくるような話ですが、18世紀半ばという、まだ世の中のありとあらゆるところに権威主義がはびこっていた時代にこのようなことを言うのですから、彼が相当ラディカルだったことがうかがえます。

またアダム・スミスの出自も、反骨精神を生む土壌となっています。彼はスコットランドの田舎町で生まれ育っていますが、このスコットランド出身という点に大きな意味があります。

現在のイギリスは、イングランド、スコットランド、ウェールズ、北アイルランドからなる連合王国ですが、なかでもグレートブリテン島の北部を占めるスコットランドは独立心が旺盛で、最近でも2014年に独立住民投票が行われています。投票の結果、独立は否決されましたが、独立賛成と反対の票差はわずかでした。

そもそも、スコットランドは戦争に負けてイングランドに従ったわけではありません。巨額の負債を抱えた際、イングランドから「負債を全額チャラにする代わりに、ひとつの国としてまとまろう」と提案され、泣く泣く傘下に入ったという歴史があります。そのため、他の地域に比べて「独立したい」という反骨精神が強い傾向にあります。

またアダム・スミスは、元々は道徳哲学と倫理学を専攻していました。そのため、非常に高い倫理観を有していたのです。

そして彼は、当時のヨーロッパ諸国がこぞって行ったアジアやアメリカ大陸での植民地支配に対しても、糾弾の矛先を向けています。これは現代のヨーロッパ人ですら言葉を濁す問題でしたが、アダム・スミスは植民地政策がいかに野蛮で、先住民の虐殺や弾圧がいかに苛烈かというのを、舌鋒鋭く批判しています。これも、倫理性が高いアダム・スミスだからこそ言えた主張でした。

アダム・スミスよりも権威主義だったマルクス

「アダム・スミスが世界中の経済学者の中で一番偉い」と言うと、偉いから権威主義だろうと思う人がいるかもしれませんが、アダム・スミスはそういう人ではありません。世の中の経済学者の多くが「官僚が経済をどうコントロールしていくか」を議論しているなか、アダム・スミスだけは「国王は一般の家庭を見習うべきだ。貧しい下々の者がどうやって乏しい資金をやりくりしているのかを見て、それと同じことをやっていけば間違いない。偉そうなことをしようとするから戦争をしたり、税金を余計に徴収したりするのだ」と主張していました。

このアダム・スミスのラディカルさを継承した経済学者は、1人もいません。マルクス経済学の祖で、資本主義を否定して完全平等社会・共産主義を理想に掲げたカール・マルクス（1818～83）などは、一見するとラディカルに見えるかもしれませんが、アダム・スミスに比べたらはるかに権威主義者でした。

マルクスは「頭のいい人間が、頭の悪い人間をどうコントロールするか」という目でしか、経済を見ていなかったのです。さらにいえば、マルクスは労働者階級が勝利を収めるビジョンを打ち立てていましたが、彼が言う「労働者階級」というのは、大労組の幹部の話でした。そのため、マルクスも「エリートが世の中を治めたほうがいい」という考えから脱し切れていませんでしたが、アダム・スミスだけは堂々と「エリートなんかはいないほうがいい」と主張していたのです。

せっかくマルクスの名前が出てきたので、もう少し彼について解説していきましょう。『資本論』において、市場の効用を説く経済学とはまったく異なった視点から経済関係を説明しようとしたマルクスは、「資本というのはあれやこれやのものというわけではなく、自己増殖する意志である」という名言を残しています。

これが何を意味しているか。例えば資本家がもうけを拡大して資本を蓄積するとき、表面的にはお金がもうかればぜいたくな暮らしができるし、資本家が自分たちのもうけのためにやっているように見えます。しかし実際はそうではなく、資本というものは世の中に存在している限り、どんどん自分で増えていこうとする。そして、資本家というのは資本にこき使われているかわいそうな存在なのだという議論をしているのです。それは、ある意味では正しいと言えます。

現代世界でも、アップル社は海外の子会社や法人に、総額800〜900億ドルのお金をため込んでいます。なぜそんなにため込んでいるかというと、アメリカの法人税制には「海外で稼いだ利益を海外での投資に使ったということにしておけば、その分についてはアメリカ国内で租税負担が発生しない」という〝特典〟があるからです。これはアップル社に限らず、他の巨大企業も、同じようにお金を海外にため込んでいます。

しかし、これは経済合理性という意味でいえば、何ひとつ意味がないことです。ため込んでいるだけで積極的には使わない、というか使い切れないいんですね。それなのにお金をためているのは、株式市場の評価が高まるからです。アメリカの株式市場では「お金をため込んでいるほど立派な企業だ」という概念があり、その結果、株価も上がっていきます。

そして、株価が上がると借金がしやすくなります。借金をすると、例えば金利負担はすべて控除になるので、ますます「効率的」に利益を増やせるようになります。こうして経済的な合理性もないままお金がたまり、マルクスが言ったような「資本が勝手に自己増殖する」状態になっているのです。

マルクス経済学からなぜ卓見が生まれたか

冷戦構造が崩壊した現在では、マルクス経済学を教える人はほぼ皆無となっていますが、かつては日本でもマルクス経済学が盛んに教えられていました。

その背景には、「社会批評家としては近代経済学をやっている人よりも面白いことを言うから役に立つ」というのがあったほか、官僚統制が大好きな人たちだったので、近代経済学の人たちともうまくやっていけるという事情がありました。

また、近代経済学者の頭では理解できないようなことを、マルクス経済学のシャープな人たちはしっかりと理解していたという側面があります。

例えば、宇野弘蔵《うのこうぞう》（１８９７〜１９７７）という、日本のマルクス経済学者の中でもっとも理論的にしっかりした人がいて、その最晩年の弟子だった岩田弘《いわたひろし》さんという方がいますが、その方が書いた『世界資本主義』（批評社）は本当に素晴らしい本で、この中で岩田氏は「資本は豊かな国では必ず利益率が低下するから、世界中のあまり豊かでない国にいかないと、利益率は保てない」と主張しています。

これはごく当たり前のことですが、ほとんどの近代経済学者は、こういうことすら理解していません。なかには「豊かな国なら資本の利益率が高くなるのは当たり前」と信じ込んでいる人もいますが、実際には豊かになるほど競争が激しくなり、利益率が下がるケースがほとんどです。

一方で、岩田氏は「資本主義というのは資本主義そのものでもうけるのではなく、世界中の非資本主義的な国々を資本主義化する過程においてでしか稼げない」と主張しています。確かに市場経済が浸透していない国に資本主義の国が進出すると、本国の2倍とか3倍の利益率を叩き出しますが、これは資本主義そのものでもうけているわけではないのです。

岩田氏が著した『世界資本主義』は、本当に名著です。こうした本を書ける人は、近代経済学者にはいないと思います。マルクス経済学は、すでにその存在感を失ったとも言われていますが、実は経済全体を俯瞰できる、素晴らしい経済学者を生み出しているという事実を忘れてはいけません。

また、「豊かな国ほどもうけが増える」と考える人がいるかもしれませんが、実際は平和で繁栄している国ほど、資本の利益率は低くなる傾向にあります。そして、利益率が高いと生活が豊かなのかというと、決してそんなことはないということをアダム・スミスは主張していますし、岩田氏も言っています。そういう意味では、マルクス経済学が日本でも盛んに教えられたというのは、よいことだったと思います。

一方で、マルクス経済学の伝統がない国は、経済危機に見舞われるともろいという特質があります。例えば、第二次世界大戦から1970年代にかけて、アメリカとイギリスは所得税や相続税の累進性を高めました。このような政策をとったのは、米英の高官や一流企業社員が共産主義化するのを防ぎたかったからです。

第二次世界大戦後、アメリカを筆頭とする資本主義国家群とソ連を筆頭とする共産主義国家群が対立する冷戦の時代へと突入しましたが、その過程でアメリカやイギリスの高官や一流企業社員が共産主義化し、なかにはソ連のスパイとして活動する者もいました。これは、アメリカやイギリスには社会運動の伝統があまりなく、共産主義に対して免疫があまりなかったからです。

一方、フランスやドイツには社会主義の伝統があったので、エリートが共産主義に流れるということはほとんどありませんでした。1980年代に入ると米英は新保守主義革命を展開し、累進課税を引き下げています。こうして経済の流れが右へ左へと大きく動いていきましたが、ほとんど動じなかったドイツやフランスとは対照的でした。こうした点を踏まえても、マルクス経済学が世の中に与えた影響というのは、決して小さくなかったと思います。

アメリカの大国化を予測したアダム・スミス

話をアダム・スミスに戻しましょう。自由放任経済を唱えたアダム・スミスは、見通しが素晴らしい人物でもありました。彼の主著である『国富論』が最初に出版された1776年は、ちょうどアメリカ独立戦争が始まったころでしたが、その段階で彼は「アメリカは自由な市場経済の国として大国になる。イギリスはそれを邪魔してはいけない」と『国富論』で述べています。まだ「アメリカ合衆国」という国家が出来上がっていないにもかかわらず、このような予測を立てていたのです。

なぜこのような予測を立てたかというと、アメリカは国王や貴族、地主といった「昔からのしがらみ」にしばられるおそれがなかったからです。一方で、当時のイギリス人は「アメリカは平民ばかりで貴族もいなければ国王もいない。エリート層がいなければ、国が大きくなるわけがない」と考えていました。これだけでも、アダム・スミスの先見性がいかに卓越していたかがわかるはずです。

また、フランスについては「あのように官僚が手取り足取り統制しているような国は、いずれ爆発的な事件が起きて、国王や貴族が一斉に排除される」という見通しを立てていました。アメリカ独立戦争が始まったころのフランスは、イギリスに対抗してアメリカの独立を支援するなど、結構羽振りがよい感じでした。それが、20年足らずで天地がひっくり返るような革命が起こるとは、誰も想像していなかったはずです。

また、当時徐々にムガール帝国からインドの支配権を奪いつつあった大英帝国は、王室の勅許状による特権を持つ「私企業」、東インド会社にインド統治を任せていました。のちのヴィクトリア女王の時代に、インドは「大英帝国の王冠のど真ん中で光り輝く最大の宝石」とまで称賛されるようになるのですが、アダム・スミスは、東インド会社を「国家並みの鈍重さと、私企業並みの強欲さを兼ね備えた最低の組織」と痛烈に批判していました。

アダム・スミスは経済学でも反主流の立場にいましたが、見通しがあまりに素晴らしく、しかも言っていることが正論で、その正論が20～30年のうちに事実によって証明されました。そのため、世の中としては煙たがっていても高く評価せざるを得なかったのです。

オーストリア学派を代表する経済学者で、官僚統制型の経済に忌避感を抱いていたフリードリヒ・ハイエク（1899〜1992）もラディカルな精神を持ち合わせていましたが、ほとんどの経済学者は権威主義者でした。では、なぜアダム・スミスのような人物が出てこられたのでしょうか。その背景には、イギリスの国民性が絡んでいるのだと、私は考えています。

経済学者の予測どおりに経済が動かない理由

歴史家のロバート・ダーントンが著した『猫の大虐殺』（岩波現代文庫）は、中世社会から近世社会に変わる過程で、ヨーロッパの民衆がいかに悲惨だったかを書いた素晴らしい論文集ですが、その中にヨーロッパ諸国の国民性について述べた箇所があります。

イタリアはひょうきんさ、ドイツでは素朴な神秘や暴力といったものが成功のカギとなり、フランスは悪知恵や策略が成功のカギになるとされています。一方、「イギリスは人がいいけど怠け癖があり、親からもらった大事な資産をだまされて奪われてしまう。しかし、いろいろと交換していくうち、最終的には大金持ちになる。こうした『偶然の積み重ねで成功する』という、楽観的な考え方を持っている」と書いてあります。

アダム・スミスのラディカルさも、「人は策略を使わなくても、偶然金持ちになったり、偉くなったりするものだ」という楽観論が根底にあったような気がします。

それに比べると、フランスの経済学者は頭が良すぎたと思います。例えば、経済学者ではないのですが、財務総監としてルイ14世を補佐したジャン＝バティスト・コルベール（1619～83）は、その類まれなる才を発揮し、財政から民政、さらには軍政まで携わっています。他にも、フランスの経済学者には重農主義の考え方の基礎を提唱したフランソワ・ケネー（1694～1774）、ブルボン朝で財務総監を務めたジャック・テュルゴー（1727～81）なども、抜群に頭が良い人物でした。

そして、頭が良すぎたフランスの経済学者たちは、「庶民の経済は、我々のような頭がいい人間が指図したほうが、うまくいくに決まっている」と確信していましたが、彼らの経済政策はなかなかうまくいきません。なぜかというと、価格メカニズムによる一般均衡というのは、その状態を目指して動きつつある状態であって、均衡が実現された状態に達することはまずないからです。

過去に、均衡が達成されて「皆がこのとおり動いてくれれば何の問題もない」という状態になったことはありません。人間にはさまざまな欲求があり、そして移り気です。そのため、経済ではつねに「想定外」の出来事が起こり、頭が良すぎる経済学者の想定どおりにはいきませんでした。これは、現代社会でも同じことがいえます。過去に、経済学者の予測どおりに経済が動いたという例は、おそらくほとんどないはずです。

ところが、頭が良すぎる経済学者というのは、「人間とはこういう生き物で、これだけの欲求があるのだから、これだけ作っておけば満足するだろう」と勝手に需要量を決めつける傾向にあります。さらに、「こちらが考えたとおりにやっておけば、わざわざ市場で高すぎるものを買ったり、安すぎるものを売るというロスが少なくてすむ」と勝手に思い込んでいました。

商売では、得な売り買いをすることがあれば、損な売り買いをすることもあります。刻々と状況が変化していくなかで、世の中全体の需要を満たすことはできません。それは、誰が計画してもそのとおりにはいかない話なのです。にもかかわらず、経済学者たちは「大衆（市場）に任せておくと失敗する。だから我々エリートが市場の代わりに考えてやる」と主張し続けました。こうした考え方がどの時代でも主流を占め、アダム・スミスのような考え方の持ち主は少数派に追いやられていました。

デビッド・リカードの功績と誤った見通し

そして、アダム・スミスに続く存在として台頭したのが、イギリス・ロンドン出身のデビッド・リカードです。彼は『経済学および課税の原理』（岩波文庫）を著し、２００年経った今でも読み継がれています。

リカードはものすごく頭がいい人でしたが、正規の教育はほとんど受けていませんでした。株式仲買人として成功を収め、42歳には仕事をリタイアし、趣味として経済論文を書くという変わった経歴の持ち主でした。彼は、見通しとしては少し間違ったことを言ったので、アダム・スミスと比べると少し評価は下がります。しかし、「経済は自由な市場に任せておくのが一番」という信念は、アダム・スミスと同じでした。

ではどこで間違ったかというと、アダム・スミスやリカードの時代は資本家・地主・労働者の三大階級の時代でしたが、リカードは「資本の利益率は延々と低下し続け、労働者はギリギリの賃金しか得られず、もうけはすべて唯一供給が制約された資源である土地を持つ地主のところへいく」という予測を立てていました。しかし、実際には地主の富の根

源である地代収入はやせ細りつづけ、資本家階級が地主階級を飲み込んでしまいました。経済予測としてのリカード理論は、大きく外れていたわけです。

そのため、アダム・スミスほど高くは評価されていませんが、アダム・スミスの「独占だけはいけないけど、その他は市場の動きにすべてを委ねるべきだ」という論理を突き詰めた人でした。

彼のもっとも重要な考えは、「国富を増やすためには、その国がもっとも効率的に生産できるものをつくるべきであり、非効率的なものは、他国との自由貿易によって得るべきだ」という「比較優位の法則」ですが、ここでいう「比較」とは、国同士の比較ではありません。ある国における、生産物の相対的な生産効率を比較するものです。

具体的には、AとBの2つの国が、ワインをつくっても、小麦を育ててもA国のほうが効率はいいとします。それでは貿易に意味はないかというと、B国の効率の悪さが、小麦ではワインほど大きくなければ、A国はワイン、B国は小麦に専業化して、お互いの生産物を貿易によって交換したほうが得だと、数値で立証したのです。

そしてもうひとつの重要な概念が、「政府が経済を刺激するために国債を発行しても、経済はよくならない」という「リカードの等価定理」です。これに関しては、人々の合理性の概念とも相まって、今も論争が続いています。

私に言わせれば、どうしてこんな当たり前の指摘について、いまだに論争が続いているのかということにびっくりします。でも、お国のために奉仕することで仕事を確保している経済学者の皆さんとしては、「そんな身も蓋もないことを言われては、国債関連の経済学者の仕事はあがったりになってしまう。何がなんでも国債発行による景気刺激には意味があると主張せざるを得ない」ということなのでしょう。

自由市場に賭けようとしたオーストリア学派

アダム・スミスやリカードによって古典経済学は一応の完成を見ましたが、ジョン・スチュアート・ミル（１８０６〜73）やトマス・ロバート・マルサス（１７６６〜１８３４）から始まり、ジョン・メイナード・ケインズ（１８８３〜１９４６）で終わる植民地経営人脈により、異質のものになっていきます。

市場というのは、個人や企業が合意さえすれば、どんなものをどんな価格で売ってもいいし、買ってもいい世界です。売り買いを繰り返すことで、売り手は「どのようなものを

供給すればいいのか？」を考えるようになり、買い手も「どれだけの量をいくらで買うのが適切なのか？」と考えるようになります。

一方、植民地経営は少数の宗主国の人間が多くの植民地先住民を支配するのが基本で、誰でも自由に売り買いができる市場の世界とは一線を画していました。そしてこれは、官僚による統制型の経済とも親和性の高い発想でした。

19世紀後半になると、官僚主導型が幅を利かせるようになりますが、その中で現れたのが「オーストリア学派」です。代表的な経済学者としては、オーストリア学派の祖で近代経済学の創始者の1人にも挙げられるカール・メンガー（1840～1921）、自由主義経済政策を主張したフリードリヒ・ハイエクなどがいます。

オーストリアというのは複雑な歴史背景がある国で、元々はハプスブルク家という妥協で決めた皇帝がいつの間にか強くなったという帝国で、文化発信力が強い割には経済力がそんなに強くない国でした。そして長らくヨーロッパの大国として君臨し続けてきましたが、オーストリア学派が誕生したころには凋落の一途をたどっていました。

オーストリア学派は「官僚統制はダメだ。経済は市場に任せるのが一番いい」と提唱し、また「価格支配権を握れるほど大きくなった企業は、分割するなどして力を弱めなければならない」と考えていました。オーストリアは軍事的には落ち目の国で、そのため「軍事力では勝てないけど、経済で勝つにはどうすればよいか」というのを考えた結果、「官僚主義では時代の要請には応えられない」という結論に達したのです。

経済学者が「官僚統制型」を支持する理由

19世紀後半に「経済は自由な市場に任せたほうがよい」と唱えたオーストリア学派が登場しましたが、世の経済学者は相変わらず「官僚が経済の面倒を見たほうがいい」と主張し続けます。１００人の経済学者がいるとしたら、98人ぐらいは「官僚統制が正しい」というスタンスの人たちです。これはアダム・スミスの時代から変わっていないどころか、今はもっとひどくなっているかもしれません。

なぜこのような状態が続いているのか。それは、経済学者も自分の食い扶持《ぶち》を稼がないといけないからです。経済政策が「市場に任せておけばよい。ただし、独占的な大企業の台頭は許してはいけない」だけになれば、経済学者など必要なくなります。世界に2〜3人の頑固オヤジがいて、市場統制をするような人が出てきたら、「そんなことをしちゃダメだよ」と言っていればいいのですから。しかし、そうなると経済学者は食っていけなくなる。そこで、食い扶持を得るために顧客志向の発想をするようになるのです。

ここでいう〝顧客〟とは、国や地方自治体、一流企業、大手金融機関などです。これらの機関や組織は「自分で市場を統制したい。なぜなら、そのほうが商売しやすいし、自分の職域を拡大できるから」と考えており、経済学者もそれに合わせるようになったのです。経済学者が売り出す〝商品〟とは、自分の論文と優秀な学生なのですが、論文を買ってもらうにしても、優秀な学生を就職させるにしても、国や一流企業などの〝大口顧客〟が喜ぶことを言わなければならない。そのため、「市場を統制するのは正しい」と言うようになったのです。

そして、こうした人たちが一様に支持しているのがケインズ理論であり、マネタリズム理論です。

ケインズ理論を提唱したイギリス出身のジョン・メイナード・ケインズは、1920年代までは有能な外交・財務官僚で、学者としての評価はそれほど高くはありませんでした。しかし、その頃のケインズのほうが、はるかに立派なことを言っています。

それは何かというと、第一次世界大戦後の講和会議で敗戦国のドイツは巨額の賠償金を背負わされましたが、ケインズは「そんなことをすれば、後で必ず悲惨なことが起こる」と言い続けていました。私は、これがケインズ最大の功績だと思っています。実際、世の中はケインズが予測したとおりになり、世界大戦が再び勃発しています。敗戦による巨額な賠償金に苦しんだドイツは、ナチスのような極端な思想にすがるしかなくなったのです。

ケインズの言う「乗数効果」の怪しさ

官僚として、政治や外交の世界で活躍したケインズですが、経済学では評価できない点が多々あります。

例えば、ケインズはプライスメカニズム（需要と供給の関係から価格が決められ、同時に価格が需要や供給量も調整するというしくみ）というものを、まったく理解していなかったと思います。彼は「世の中そんなに機械的に動くはずがない」という信念のようなものを持っていたのですが、その一方で、乗数効果など、私に言わせれば「そっちのほうがはるかに機械的なのでは？」と思ってしまうようなものを支持していました。

乗数効果というのは、ある有効需要を増加させたとき、その増加額よりも大きな割合で

国民所得が拡大するという現象のことです。ケンブリッジ大学でケインズと若手経済学者の結びつきを強めたというリチャード・カーン（1905～89）が雇用乗数として導入したもので、のちにケインズが投資乗数として発展させています。

ケインズは「1単位の消費が最終的には2単位3単位と膨れ上がるのだから、景気が冷え込んで消費が低迷しているときには、政府が借金をしてでも最初の1単位をつくり出すべき」と主張し、そうすれば2単位3単位になって戻ってくると考えていました。しかし、ゼロの状態から突然消費を生み出すというのは、あまりにありえない話です。

実際の経済で見てみると、例えば、政府が国債を発行してダムを建設したとします。このダムが、ケインズが言うところの「最初の1単位」なのですが、これが2単位3単位に膨れ上がるかというと、決してそんなことはありません。国がダムを建設するというのは、商売で使う可能性もあった資材を国が使ってしまったというだけの話で、新しい商品を作り出したわけではありません。民間の消費を締め出して、国が代わりに使っているだけなのです。

ちなみに、国の消費と民間の消費ではどちらの効率がいいかというと、これは昔から民間のほうが効率がよいというケースがほとんどです。しかし、ケインズは真空状態の中から消費がつくり出せると考えていました。そういう意味では、ケインズは経済というものを何ひとつ理解していなかったと思います。

しかしながら、乗数効果がまったくもって間違った理論だったかというと、決してそんなことはありません。例えば、第二次世界大戦直後のような生産設備そのものが破壊された状態では、100万ドルの借金で生み出した施設が200万ドル300万ドルの効果を生むということはありました。また、それ以前の戦時経済の特殊性として、経済全体の目標設定が「敵国の将兵を殺傷し、敵国の資産を破壊する」という単純なものに絞りこまれたので、管理や統制がしやすかったという背景もあります。

しかし、これはあくまで特殊なケースだと思います。事実、平和な世の中になると、1970年代ぐらいには、1ドルの借金に対して生み出される需要は0・5〜0・6ドル程度にまで落ち込んでしまいました。最近はどうかというと、1ドルの借金に対して生み出される需要は0・1ドルもありません。もはやほとんど何の効果も生み出さないのにもかかわらず、ケインズ信奉者はこれを信じているんですね。

1930年代不況とケインズ理論の台頭

ケインズの考え方がもてはやされるようになった背景には、1930年代の不況とそこからの経済回復があります。

第一次世界大戦では、自国が戦場にならなかったアメリカがそのメリットを最大限に活かし、軍需物資を売りまくって世界一の債権国となっていました。その流れは戦後の復興期も続き、アメリカが名実ともに世界の盟主となりました。

しかし、戦後復興がひと段落したことで、次第にモノが売れなくなってきます。アメリカ経済の生産規模が大きくなりすぎて、世界の消費が追いつかなくなったのです。こうして世界レベルで生産過多の状態になりましたが、アメリカの証券市場は過熱し続けました。その結果、人々は「株価は永遠に上がり続ける」と考えるようになり、実体経済の規模を明らかに上回る投機資金が、株式市場を席巻するようになりました。いわゆるバブルの状態です。

そして1929年10月24日、ニューヨーク証券取引所で株価が大暴落したのを機に、世界的な規模で金融恐慌及び経済後退が引き起こされます。「このとき、アメリカの大統領だったハーバート・フーヴァーが自由放任経済主義者だったために有効な政策を打ち出せなかったので、自由放任経済に対する不満が高まった」というようなことが、標準的な経済史の教科書にはいまだに書いてあります。しかし、これは単純な事実誤認です。

フーヴァーは、世界中の主要国の最高権力者の中で初めて「社会工学（Social Engineering）」という発想で経済を統制しようとした人でした。実際に、テネシー渓谷開発公社による巨大ダムの構築によって、「不足している需要を国が補う」といった政策は、次の大統領であるF・ローズヴェルトではなく、フーヴァーが推進したのです。つまり、「不況時にお金を使う国民が減っているのであれば、政府がお金をバラまいてそれを創出する」というもので、公共事業や社会保障でお金をバラまくという政策は、すでにフーヴァーがやっていたことなのです。

需要が足りなければ、国が借金をして需要をつくり出せばいいという発想を一貫して持っていたのは、むしろフーヴァーでした。ローズヴェルトは、ケインズ的な赤字財政政策を採用したかと思うと、健全財政主義に戻ったりして、政策にはほとんど一貫性がありませんでした。

フーヴァーに代わって大統領に就任したフランクリン・ローズヴェルトの新しさは、決してケインズ経済学の「有効需要の原理」を具体化したニューディール政策を実施したことにあったわけではありません。当時勃興しつつあった広告代理店業界の手法を学んで、「自分の前任者は何もできない無能な人間だったが、自分が何もかも一変させた」と主張する派手なキャンペーンを繰り広げたところにあるのです。

しかし、このニューディール政策が大恐慌を解決させたという見解には、かなりの疑問があります。実際は、1930年代不況から脱却できないまま第二次世界大戦に突入し、そこですさまじい生産設備の破壊がありました。そして、戦後復興の過程で景気がよくなっていったのです。そのため、大恐慌を解決するための国債発行や公共事業は、まったく意味をなしていなかったと言えます。

1930年代不況を深刻なものにしたのはGM

そもそも、1930年代不況を深刻なものにした元凶は、アメリカの自動車メーカー、ゼネラルモーターズ(GM)でした。GMは、1920年代半ばにフォードからアメリカ

の自動車メーカーのトップの座を奪いますが、1920年代前半には、厳しい不況のせいで大赤字を出すなど、大変苦労していました。

GMの初代社長は買収マニアみたいな人物で、小さな自動車会社を買収しては再生していきました。ただ、うまく再生するより、借金まみれのお荷物を引き受けてしまうことが多かったのですが。しかし、2代目社長が実質的な創業者で、高級車・中級車・大衆車にラインを分け、ラインごとに何度もモデルチェンジを繰り返し、本来は10年、20年同じものが使えるところを2~3年で買い換えるような大革新をやってのけました。

その社長が1921年の不況で苦しんだため、1920年代後半から「そろそろ不況がくるぞ」と察知して、綿密な計画を立て、自分の会社はどれだけ経営規模を縮小しても、利益を上げることができるのかという計算を立てて、緻密なシミュレーションを重ねました。その結果、4分の1まで減らしても大丈夫という結論に達し、次に不況が来たら3年間で経営規模を4分の1にするという計画を立てたのです。

そして1929年秋、本格的に株価が下がり始めると、社長はその計画をただちに実行へと移します。当時、GMの生産台数は400万台にまで達していましたが、これを100万台に下げました。当時の耐久消費財といえば自動車以外何もないような時代で、自動車にも鋼鉄やゴムやエンジンなどが必要とされていました。それが4分の1になってしまったのですから、GM自身は生き延びましたが、ガラス工場やゴム工場、製鉄工場は惨憺たるものになってしまいました。耐久消費財は激減し、それがデフレと経済収縮を招いたのです。

デフレというのは、物が豊富に出回るから安くなるのですが、このときは、物が売れなくなって市場規模が収縮する中でデフレになりました。その元凶は、巨大な市場規模と価格支配力を持つGMにあったのです。

1930年代不況というのは、いわばイレギュラーな現象でした。ところが、その後の経済学者たちは「1930年代は、デフレとともに景気が悪化して生産量が縮小した」という世界経済史でたった一度だけデフレと生産縮小が同時進行した珍しい時代のことを取り上げ、ついには「デフレスパイラル」という論理まででっち上げてしまったのです。

デフレスパイラルというのは、「いったんモノやサービスの値段が下がりはじめると、消費者は『待っていればもっと値下がりする』と思って消費を抑制する。こうして物価下落→生産量縮小→物価のさらなる下落という悪循環が定着してしまう」という議論です。現実の経済がこんなかたちで縮小再生産過程に陥ったことはありません。1930年代の大不況のときも、最大の生産削減をした自動車の価格は、そのほかの製品やサービスほど下がらなかったのです。

「トンデモ経済理論」としか表現のしようがない議論です。でも、インフレ大好きの国、一流企業、大手金融機関お気に入りの経済学者たちは、皆さん真顔でこうした珍理論を主張していらっしゃるようです。

国がお金を使った分だけ庶民の消費の余地が失われる

ケインズの考え方が今なお支持されているのは、国や地方自治体、一流企業や大手金融機関といった〝顧客〟にとって都合がよいやり口だったからです。国があれこれ市場に介入して仕事を指図したり、官僚をたくさん必要とする制度にしようというのですから、官僚の側から見れば自分たちの勢力も大きくなるし、お金もたくさん使える。そうなれば、ケインズの考え方を支持するのも自然の道理だったのです。

また世の中全体としては豊かになってきても、企業がもうかるようになると、消費が低迷して成長率も鈍化する傾向にあります。一方で、ケインズ派の人たちは「過少消費は庶

民がお金を使わないからだ」「消費不足が問題で経済成長が鈍化しているのだから、人々が消費をすれば問題も解決する」という考えを有していました。そして国が国債を増発し、その借金で公共事業や社会保障をやったり、軍備に使ったりする。国が借金をして消費を補足してやれば、経済はうまく回っていくという議論をしているのです。

なぜ近代社会でいちおう円滑に動いている経済が、消費の低迷にともない成長率が鈍化していくのか。それは決して「庶民がお金を使わなくなる」というわけではなくて、企業の利益率が高すぎてもうけてしまうから、消費が減退するのです。

例えば、消費水準を20（上層）・60（中層）・20（下層）に分けると、どこの国でも下層の20％は稼いだ所得の8割を消費に使います。一方、上層の20％は6割も使いません。せいぜい4～5割ぐらいです。

どうしてそういうことになるかというと、企業がもうけすぎていて、生産したものを売った代金から「資本の取り分」と「労働の取り分」を分けるとき、資本の取り分が多くなってしまうからです。これにより、お金持ちのところに富が集中しますが、彼らはお金をあまり使わないので、消費が減退していくのです。

消費が減退すれば、経済成長は衰えていきます。そこでケインズ派の人たちは国や自治体などにお金を使わせようとするのですが、お金の使い道の中でも、比較的まともなのが社会保障です。保守的な考えの人たちは「どうして貧乏人なんかに」と思うかもしれませんが、所得水準が低いところにお金を回せば、その人たちはほぼ確実に消費に使いますから、経済がうまく循環していきます。

しかし、軍事や公共工事にお金を回すのは、本当に馬鹿げたことです。中には不思議な人たちがいて、「福祉にお金を回すのはけしからん。しかし、軍備に使うのはOK」という人がいます。これは経済学的に考えるとまったくナンセンスな話です。

なぜかというと、国がお金を借りて生み出した需要は、庶民が稼いでいるお金の価値を割り引くことになるからです。国がお金を使った分だけ、庶民の消費の余地が失われてしまうのです。

企業の独占はなぜ市場に悪い影響を与えるか

「富裕層がお金を使わないのであれば、累進課税を強化し、法人税を上げてふんだくればいい」と考える人もいます。しかし、基本的な解決策はそこにありません。企業がもうか

りすぎると経済の成長率が鈍る傾向にありますが、企業が利益を上げすぎるのは、市場がその企業に〝競争〟をさせていないというのが大きな要因です。

世界中どこでも独占禁止法にあたる法律があって、いちおう建前としては、独占企業は存在していないことになっています。ところが、他に匹敵するライバルが見当たらず、実質的に独占しているというガリバー型寡占企業はとても多いのです。とくにマイクロソフトやアップル、グーグル、フェイスブックといったアメリカの花形企業は、完全に独占しているわけではありませんが、実質的には独占に近い寡占企業になっています。

「経済は市場に委ねるべき」と主張したアダム・スミスも、独占に対しては「弊害が大きいので、直接的な規制をもってしてでも阻止せよ」と警鐘を鳴らしていました。独占があると、市場における「自由な個人同士の、お互い納得に至る売り買い」ができなくなるおそれがあったからです。

ところが、あれこれと市場に介入したがる人たちも、独占の形成だけには甘く、それどころか「独占化、寡占化を積極的に推進しよう」と考える人もいます。彼らは価格支配権を握る独占企業やガリバー型寡占企業が高い利益率を出す経済が、効率的で強い経済と考えていたのです。

こうした事態を避けるには、形式論議ではなく、「実態としてこの商品は強い」という企業を分割するなりして競争を激化させなければなりません。そして、企業の利益率を上げすぎないことが大事です。価格支配力を持つ企業が現れたら、形式にこだわらずに分割させて力を弱めていく。これが正しい市場統制だと思います。

ケインズ主義と旧通産省官僚にある共通の性質

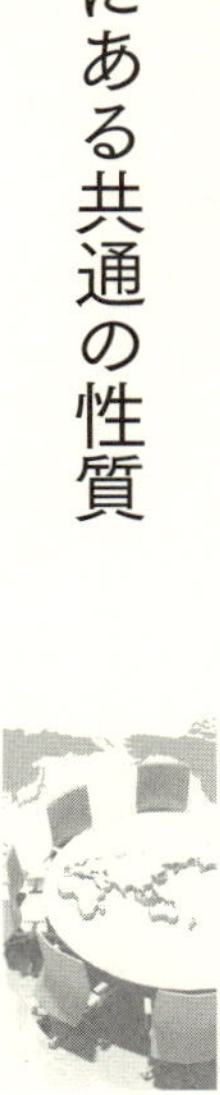

ちなみに、官僚統制主義という意味では、ケインズ派と旧通産省官僚は近い立場にあると言えます。

「自分たちが戦後の復興を成し遂げた」と自画自賛する旧通産省官僚もいますが、これはまったくの大ウソです。実際には、旧通産省官僚は3つの大きな間違いをしています。

ひとつ目は、大都市に人が流入しすぎるのを防ぐため、田中角栄（第64・65代内閣総理大臣）とつるんで、工場制限法や工業制限法などをつくり、地方に人を定着させようとしたことです。これは、明らかに経済効率を悪くする施策でした。というのは、地方に住んでいる人が東京に出てくると、その人の生産性が上がるからです。これは数字でも立証されているのですが、旧通産省官僚は、生産性が上がる行為を自らの手で阻んでいたのです。通産官僚がやった間違いの中でも、もっとも大きかったのではないでしょうか。

2つ目は、国辱とも言えるような長期契約を結び、天然ガスを法外な高値で買い続けていることです。通産官僚は「資源を持っている国のほうが強い」という謎の信念みたいなものを持っていて、国際市場では天然ガスの価格は原油の3分の1か4分の1程度に下がっているにもかかわらず、日本はものすごく割高な価格で天然ガスを買っています。

これは、「日本は天然ガスや原油の供給を止められると生きていけなくなるから」というおそれがあるからなのかもしれません。ですが、実際にそういう事態になったのは、戦前の日本が「ABCD包囲網（アメリカ・イギリス・オランダ・中国による対日原油輸出規制）」をつくられたときだけです。にもかかわらず、通産官僚はたったひとつの事例を根拠に、バカ高い価格で天然ガスを買い続けているのです。

そして3つ目は、「企業が大きくなれば、国民生活が豊かになる」という実態と正反対の信念を持っていて、大企業を次々と統合させたことです。なぜこのようなことをするかというと、企業が寡占になるほど価格支配権を持ち、大きな利益をあげられるからです。でも、ある企業が価格支配権を握ると市場が不完全になり、経済の活力が弱まっていきます。

例えば、通産官僚が「自動車メーカーの数が多い」と言っていましたが、当時オートバイしか製造していなかった本田技研工業（ホンダ）は自動車もつくるようになり、そこから世界的な自動車メーカーへとのし上がりました。もし、通産官僚の言うことに従ってオートバイだけを黙々とつくり続けていたら、現在のような大企業にはなれなかったはずです。逆に、日産自動車は通産官僚の助言に従い、プリンスという自動車メーカーを吸収しましたが、それにより会社の力が弱まっています。

こうした例を見てもわかるように、ケインズ主義と相通ずる性質を持つ通産官僚の言うことに従わず、逆のことをやった企業は成功し、通産官僚が言ったとおりのことをやった企業は没落していったのです。

マネタリズムの考え方の矛盾点

経済学の世界では、ケインズ派とともに並び称されているのがマネタリズムです。経済学者のミルトン・フリードマン（1912～2006）らが提唱した考え方で、彼は大恐慌の原因を「不況が発生した際に、中央銀行が過剰に貸出（信用）を収縮したからだ」と分

析し、そのうえで通貨の膨張や収縮が実体経済にとって重要だというマネタリズムの理論を提唱しました。

しかし私から見れば、なぜこんなバカバカしいことを学者として真面目に追求する人がいるのか、それがさっぱりわからない一派です。というのは、マネタリストが「経済が悪くなるのは、マネーストックの成長が乱されるからだ。だからマネーストックを均一ペースで増やし続けていれば世の中安泰で、何ひとつ悪いことが起きるはずがない」という、謎の考え方を持っていたからです。また彼らは「マネーストックを2%と決めたら、延々とそれを続けていればいい。経済政策とはそれをするだけで、他のことは無視していい」という考えも持っていました。

しかし、なぜ均一ペースで増やすことが大事で、景気の好不況に関係なくイーブンペースで経済成長が続くという、楽園のような世の中になるのか。それに対する論理は何ひとつありません。経験則として「マネーサプライとかマネーストックが乱れたときには不況が起きていた。だからこれを均一化しないといけない」と主張しているのですが、景気というのは好不況の波がなければおかしいのです。経済は、絶えず変化するものですから。

人間の欲求や願望は絶え間なく変化しています。そして、市場に新しい商品やサービスが登場すると、消費者自身でさえ今まで想像もしていなかったような新しい需要が喚起されたりするものなのです。こうして常に変化している需要に即応するように、さまざまな商品・サービスの供給量を計画や統制で決めることなどできるはずがないのです。実際に商品やサービスのつくり手たちが、試行錯誤で適切な量と価格を探り出す以外に「正解」などない世界なのです。

当然、ときにはつくりすぎて価格が暴落することもありますし、あわてて供給量を絞りこみすぎて価格が暴騰することだってあります。こうして、行きすぎては戻りすぎ、戻りすぎては行きすぎるという過程を繰り返して、だんだん適量と適切な値段に近づいていく。しかし、そのころにはまた、まったく新しい商品やサービスがどこかで生み出され、もう一度行きすぎたり、戻りすぎたりの過程をやり直す。それ以外には、実現性の高い解決策はないのです。

市場経済は、試行錯誤を繰り返しながら進んでいくものです。ですから、「マネーストックを均一ペースで増やせば大丈夫。好況・不況の波のない均一ペースでの成長が実現できる」という理論は、かなり現実離れしていると言わざるを得ません。

もうひとつ、マネーストックを一定の利率にしておけば世の中うまくいくという議論の本質的におかしなところは、ストックの量（一定の時点での総量）は、フロー（一定の期間内に総量がどれだけ増えたか、あるいは減ったかの変化量）ほど目まぐるしく変わるものではないということです。フローは毎年出たり引っ込んだりというのがあって、何十％も増えたり、何十％も減ったりします。しかし、ストックがそんなに大きな伸びをするわけでもなく、目に見えて縮むことも滅多にありません。

しかし、「マネーストックを均一ペースで伸ばしていけば問題が解決する」と言っている人たちは、ストック量をコントロールすることで、フローもコントロールできると考えているのです。これは制御工学の原則にもあてはまらない話です。たとえて言えば、捕虫網で蝶を獲ろうとするとき、その捕虫網を振り回す動きが蝶の飛ぶスピードより遅いというようなものです。偶然、蝶のほうから網の中に飛び込んできてくれればうまく捕まえることができますが、それ以外には獲れるわけがないでしょう。

第4章

20世紀はなぜ金融業の時代になったのか

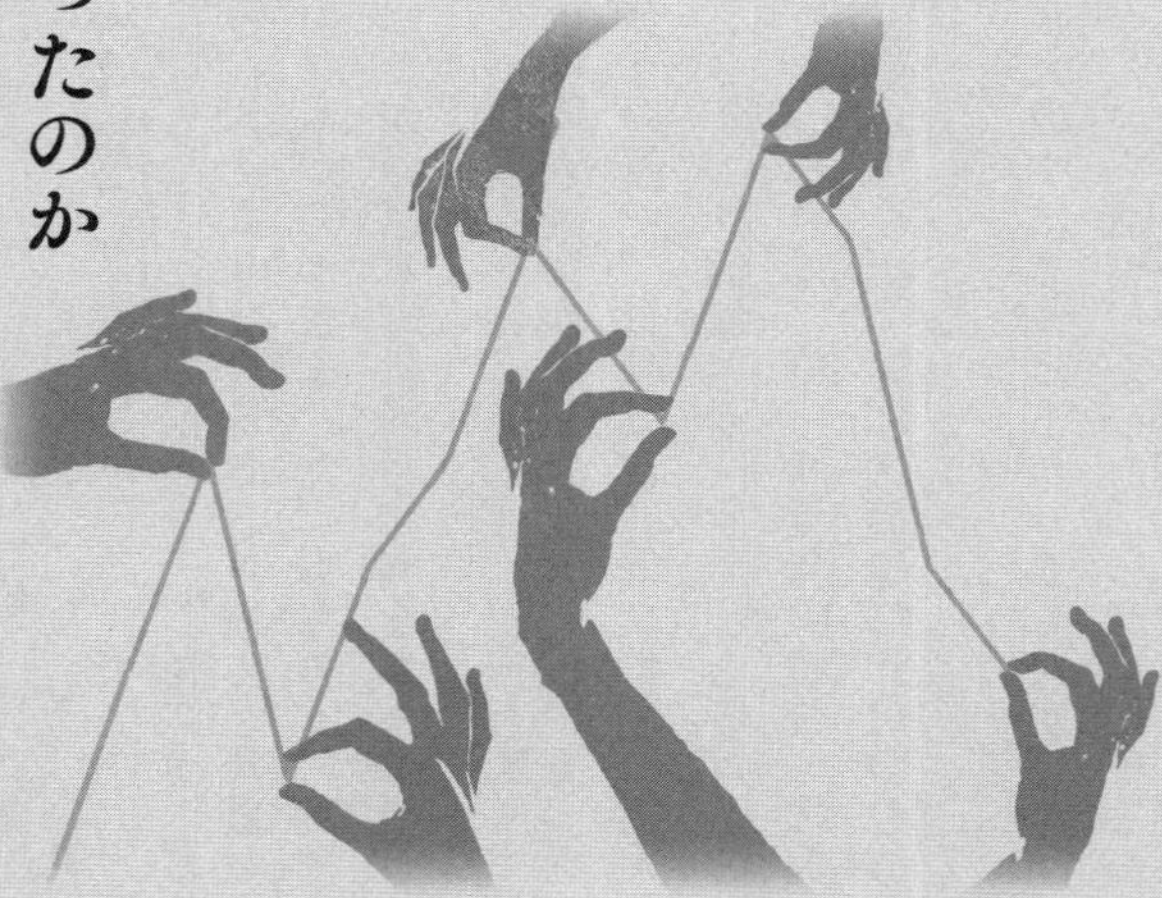

19世紀は製造業の時代、20世紀は金融業の時代だった、そして21世紀は？

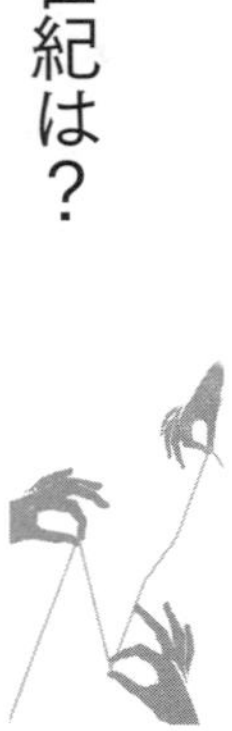

19世紀には、機械化された大規模工場生産が西欧諸国と北米大陸をほぼ席巻し、周縁に位置していたロシアや日本にも近代的な工業生産のタネが蒔かれました。もちろん、20世紀にも重化学工業などで一層の大規模化は進みましたが、基本的に同じ方向をさらに推し進めたにとどまっていました。

20世紀独自の発展という意味では、１９２９年の株価大暴落から30年代大不況でもっとも苦しんだアメリカが、イギリスから経済覇権を奪う過程で、金融業が異常なまでに肥大化したことが挙げられるでしょう。そもそも１９２９年の株価暴落が、大恐慌と呼ばれるほど深刻な被害をおよぼした最大の理由は何だったか。それは、第一次世界大戦後の復興ブームの中で、１９２０年代末にはアメリカの金融業が生み出す付加価値総額がＧＤＰの４％という高率に達したことに対する反動でした。

アメリカ金融業が占める対ＧＤＰ比率は、第二次大戦中に２％に下がりましたが、今回もまた戦後の復興ブームに乗って１９７０年には４％台を回復しました。しかし、そこから先の経路は、大不況の30年代とは大違いです。アメリカでハイテク・バブルが絶頂に達した2000年には、なんとGDPの8％という巨大なシェアを占めるにいたり、現在まではぼ一貫してこの高水準にあります。つまり、世界最大でもっとも豊かな国民経済を擁するアメリカで、20世紀後半は金融業の経済に占める地位が約2％から8％へと4倍に増していたのです。20世紀を金融業の時代と名付ける理由もここにあります。

アメリカ金融業界の高収益ぶりは、2015年1〜3月の四半期決算にもはっきり表れています。四大銀行の純利益率は、ウェルス・ファーゴが27・3％、投資銀行大手のゴールドマン・サックスが26・8％、モルガン・スタンレーが24・2％、そして、一時はかなり切迫した経営危機がうわさされたこともあったバンク・オブ・アメリカでも15・8％という高率でした。

「経済全体を効率化し、GDP成長率を高めることに貢献しているのだから、金融業の隆盛は歓迎すべきだ」という議論も当然あります。しかし、そこには2つ大きな問題がありま す。ひとつは、こうしてつくり出された富が、国民全体を潤すように配分されていたのかということ。もうひとつは、アメリカ経済はほんとうに先進諸国の中で高い成長率を維持してきたのかということです。

図4-1　主要先進地域の名目賃金上昇率推移（1972〜2012年）

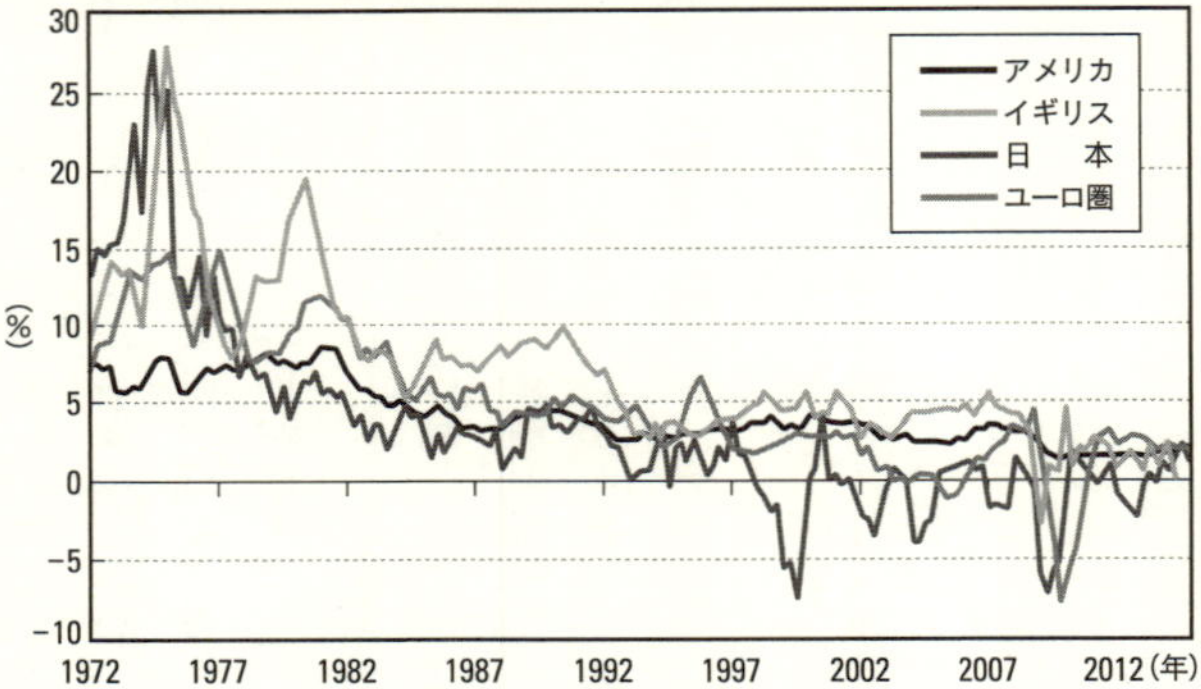

（出所）ウェブサイト『Zero Hedge』、2015年3月29日のエントリーより引用

まず、分配から見ていきましょう。アメリカ経済が国民全体を潤す方向には進んでいないことは、明白です。

先進諸国をアメリカ、イギリス、ユーロ圏、日本と分けて、戦後約70年間の名目賃金の年間上昇率を比較すると、アメリカはほぼ一貫して低水準にとどまっていました。しかも、1970年代から80年代前半はスタグフレーション（不況とインフレの併存）に苦しめられていたので、実質賃金上昇率がマイナスという時期がいちばん多かったのもアメリカでした。

また、1970年代以降20世紀末までのアメリカでは、労働生産性は累計で約130％も伸びていたのに、勤労者の実質時給平均値はほぼ横ばいという悲惨な結果になっています。勤労の成果が、一方的に資本に有利で勤労者に不利に分配されるという状態が、過去約40年間にわたって続いているのです。

現代アメリカの苦境は「市場原理主義の暴走」が招いたのか？

こうなってしまった理由として、「市場原理主義の暴走」を批判する人が多い。つまり、とくに金融業界を中心に規制緩和が進み、巨大な資金を持つ大手金融機関がやりたい放題だから、金融業界や一流企業の経営者・株主に経済成長の恩恵が集中し、勤労者全体に回ってこないというわけです。

しかし、現代アメリカ経済は、ほんとうに「市場の原理」にもとづいて運営されているのでしょうか。まったくそうではありません。現代アメリカの金融業界は、実に不思議な半官半民の組織となっているのです。

たしかに、景気がいいときには、金融機関の利益は経営者と株主のあいだで分配されます。そこだけに注目すると、完全な民間企業のように見えます。ところが、金融危機が起き、金融機関が自社では処理しきれないほどの損失を出したときには、様相が一変します。

「市場の原理」にもとづいた経済であれば、当然破綻し消滅すべき金融機関が、「大きすぎて潰せない」という理屈により、国民の負担で救済されてしまうのです。つまり、現代先進国の金融機関は好況時の利益は民間企業として分配し、危機で出した損失は税金によって救済される国有企業に変貌するわけです。

ただ、2008〜09年に国際金融危機が勃発するまでは、金融機関が国有企業だという事実が露呈するのは、危機のさ中だけのことでした。しかし、その後は各国中央銀行が、実質利回りはマイナスで金融機関がもて余している国債を買い上げ、直接金融市場に資金を投入するという事態が日常化しています。

つまり、国が資金拠出のリスクを肩代わりし、金融機関はその分だけ資本負担リスクを減らしながら、高い収益を確保するという仕組みになっているのです。わが日本国の中央銀行、日銀にいたっては国債だけでなく、日本株の上場投資信託（ETF）を直接買い、株価を人為的に高める市場介入をひんぱんに行っています。いわゆる「官製相場」と呼ばれるゆえんです。

当然のことながら、高ければ売り手が増え、安ければ買い手が増えるという市場の価格発見機能は、根底から歪められます。結果として、「日銀が買っているんだから、経済情勢も、企業業績も関係なく買ったほうが得だ」というスタンスの市場参加者のほうが、「実質GDP成長率もマイナスに転落し、企業の業績見通しも下方修正が増えているから売りだ」と判断する市場参加者に勝ってしまう状態が続いているのです。

これはもう、とうてい「原理」と呼べるような確固たる原則を持ったシステムではありません。〝市場ご都合主義〟と呼ぶべきしろものです。

それにしても、アメリカを先頭とする先進諸国の金融機関は、どうしてこんな「もうけは自分たちで山分けし、損失は国に押しつける」という、グロテスクで、当事者にしてみればおいし過ぎる存在に変質してしまったのでしょうか。その背景には、１９３０年代アメリカにおける「職業としての経済学」の成立と発展があります。これにともない、経済学者の人数は飛躍的に拡大しましたが、経済学者が増えれば増えるほど経済成長率は鈍化するという皮肉な状況を招いてしまったのです。

「職業としての経済学」確立は経済成長を促進したのだろうか？

近代経済学が職業として確立され、経済学者たちが自らの飯のタネを増やすために際限

なく政策提言をするという風潮は、アメリカで生まれました。そのアメリカが、経済学者のおかげでどんなに「順調」に発展するようになったのか、そもそもの出発点からふり返っていきましょう。

なお、近代経済学の発祥そのものは、本書の前半でご説明したとおり、18世紀後半から19世紀のイギリスで起きた世界史的な大事件でした。しかし19世紀後半、イギリス経済学は、「大英連合王国女王にして初代インド帝国女帝」となったビクトリア女王の治世に、インド植民地経営のため中国の科挙制度を丸写しにした高等文官試験を取り入れてから、急速に国家による市場への介入を肯定する方向に変質していきました。そんな近代経済学の正統派・本流に対する強力な反対派が形成されたのは、19世紀末から20世紀初頭、ヨーロッパ圏外の植民地経営で決定的に出遅れていたオーストリア・ハンガリー帝国でのことでした。

しかし残念なことに、オーストリア学派と呼ばれる人たちはそろって自分たちの職能によって政治社会を動かそうなどという大それた野心は持たない、アマチュアでした。また、たそがれの色濃い当時のオーストリアでは、そんな野心は経済学者が抱くべきものではなく、フランスでミシシッピ・バブルを起こしたジョン・ローのような山師が抱くものという見方が、社会通念としても支配的でした。つまり、オーストリア学派の経済学者たちは、政治・経済の中枢で介入主義経済学者たちと体裁の悪い乱闘をくり広げるには育ちが良すぎたのです。

経済学が学問分野、すなわち職業として明確に独立したのは、第一次世界大戦以降のことでした。国民国家同士の大戦争に必要とされる膨大な労働力・物資双方の資源や工業製品をどう戦争目的に動員するかという問題と、その後に勃発した1930年代大不況をどう克服するかという問題が、ちょうど大学教育の大衆化が進んだころに国民の意識にのぼっていたアメリカで「職業としての経済学」が誕生したのです。

そして、経済学という職能が生み出す2大主力商品は、当時から今にいたるまで一貫して、経済学論文と若手経済学者でした。アメリカの経済学者たちは、この2大商品の大量納入先である国家や一流企業、大手金融機関に迎合しながら、自分たちの職能がますます富み栄えるために「経済・財政・金融政策の最大化＝国民経済の成長率向上＝国民の福利増進」という定式を意図的に政治家、官僚、大企業幹部経営者に刷りこもうとしたのです。

役人の数は仕事量とは関係なく増え続けるという『パーキンソンの法則』を地で行く、自分たちの仕事と部下の人数の拡大を目指す官僚たちも、喜んでこの刷りこみを受け入れま

図4-2　長期循環ごとのアメリカの平均GDP成長率（1790〜2014年）

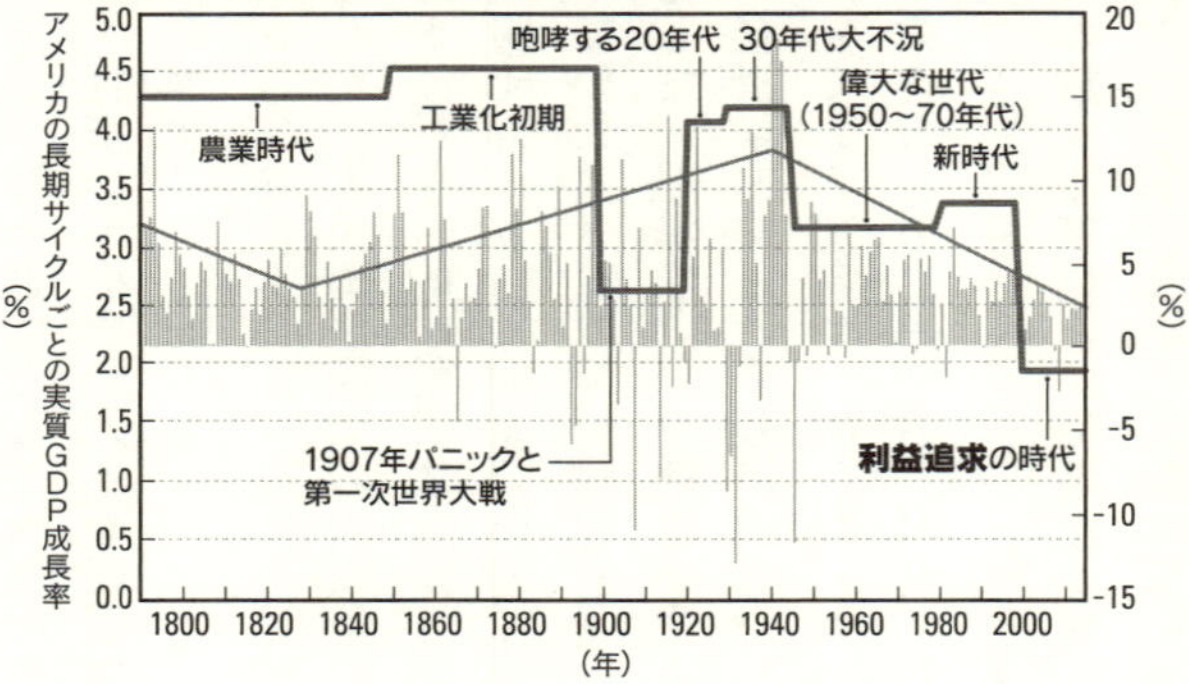

（出所）ウェブサイト『Econ Matters』、2015年3月21日

図4-3　アメリカ（景気拡大期の）年間GDP成長率

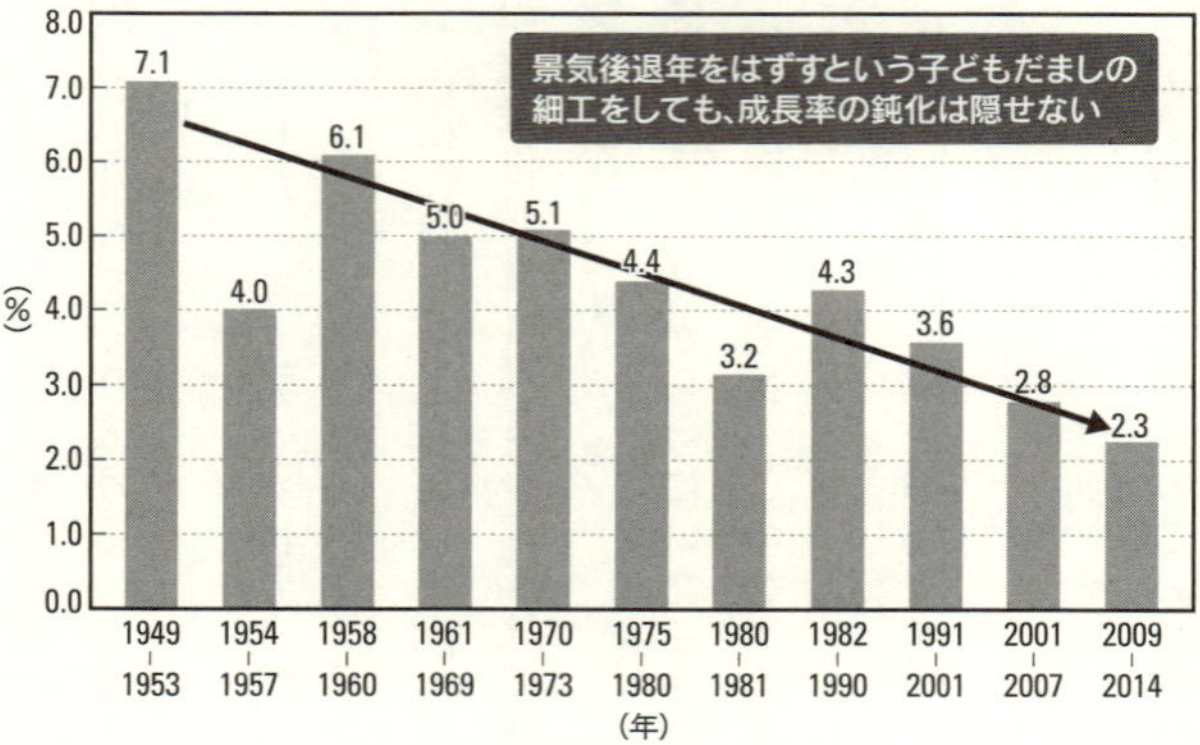

（出所）『Contra Corner』、3月22日のエントリーより引用

した。

さて、こうして経済学者の社会的地位が向上し、国民が至高の目標として追求すべき課題として経済成長を意識するようになってからのアメリカ経済のパフォーマンスは、果たしてどうだったのでしょうか。

図4－2は、長期サイクルごとのアメリカの経済成長率を、独立直後の1790年から直近の2014年までにわたって集計したグラフです。長期サイクルは、一回性の高い科学技術の画期的な進展や、国民経済部門全体の恒久的な変容、たとえば農業人口が減って、工業・サービス業人口が増えるといった不可逆的な変化に大きく影響されます。図4－3は、ごく一般的に景気変動とか景気循環とかいうときに思い浮かべる人の多い短期サイクルを、1949年という第二次世界大戦直後から2014年まで追ったデータです。

この2枚のグラフで一目瞭然なのは、経済学者の社会的地位が高まり、人数も増えるようになってから、アメリカ経済の成長率は鈍化し続けているという事実です。とくに上段の長期サイクルの変遷にそれがはっきり表れています。なお、このグラフでは、長期サイクルごとの平均実質成長率は左軸に、各年の成長率は右軸に目盛ってあることにご注意ください。

アメリカ経済の成長性が高かったのは、疑問の余地なくデフレ期だった

アメリカ経済の成長率がいちばん高かったのは「工業化初期」と名付けられた１８５０～99年、つまり19世紀後半の年率約４・５％です。この時期は、南北戦争（１８６１～65年）中とその直後のインフレ期をのぞいて、ほぼ一貫してデフレの時期でした。「デフレが経済成長を阻害する」などという議論が、インフレ愛好者ばかりで構成された利権集団におもねる議論だということが、この高い成長率を見ただけではっきり分かります。

その次に成長率が高かったのは、１７９０～１８４９年、やっと工業化が始まったものの、アメリカの主力産業はまだ農耕牧畜だった「農業時代」の年率４・３％。第3位は１９２９～44年という、大恐慌から大不況、そして第二次世界大戦へという波乱万丈の「30年代大不況時代」の約４・２％でした。

ここでもまた、インフレ讃美論者が言い募るように、「第二次世界大戦の引き起こした軍需景気でデフレを脱却したから、成長率が上がった」のではありませんでした。金融環境としてはデフレが続いていた１９３４年以降、第二次大戦の勃発する１９３９年までの

ほとんどの年に、1938年単年のマイナス成長を唯一の例外として、アメリカの経済成長率は少なくとも8%、多くは2ケタの成長を達成していました。つまり、この時代にもまた、デフレはアメリカ経済の回復・成長をまったく妨害していなかったのです。

そして、「狂乱の20年代」とか「咆哮する20年代」とかいう派手な表現で語られる1920年代（長期サイクルとしては1919～28年）の成長率は、4・0%をわずかに上回る水準で、1929～44年より低い第4位でした。なぜ、この1920年代が空前の繁栄を謳歌した時代のように言われるのでしょうか。

当時、アメリカの企業家たちのあいだに、第一次大戦中に主戦場となったヨーロッパで生産活動が縮小したり、途絶したりしたことによって棚ボタの利益を享受した連中が増えていました。彼らが戦時中の「欲しがりません。勝つまでは」的な禁欲から解放され、派手に札びらを切ったことの印象が強烈だったのでしょう。

逆に、低成長時代を見ていくと、第二次世界大戦前としてはいちばん成長率が低かったのは、1900～19年の約2・6%です。この時代は、「金ピカ時代」と形容されることもあるように、アメリカの主要産業で、正真正銘のカルテルやガリバー型寡占と呼ばれる突出した市場シェアを握る大企業が続々登場しました。そして、彼らが市場で価格支配権を握ることによって、長年にわたって続いた一般勤労者に有利なデフレから、一握りの大企業に有利なインフレへと、金融環境が激変した時代なのです。

また、この時代の直前に、1898年の米西戦争が起きています。これはメキシコやキューバ、フィリピンの領有権および支配権をめぐり、新興帝国主義国アメリカが老大国スペインに仕掛けた戦争です。アメリカが近代的軍備によってスペインに順当勝ちしたことによる受益者も、大勢出てきました。さらに、続く1905年の日露戦争で、日本側に賭けた起債で大儲けしたウォール街の切れ者もいました。そして、兵員の死傷は非常に小さく食い止めた上に、ほとんど主要な生産手段の損傷なしに第一次世界大戦の戦勝国となる過程で、軍需産業ばかりか一般企業でも濡れ手で粟のボロ儲けをした企業が多くありました。

「利益追求の時代」にアメリカ経済の成長率は最低に落ちこんだ

つまり、戦争成金が異常発生したのが1900〜19年というわけです。そういう世相の時期が、第二次世界大戦前としてはもっとも経済成長の鈍化した時代だったという事実は、肝に銘じておくべきでしょう。企業がボロ儲けし放題な時期には、国民経済の成長が鈍化

するのです。

さらに、第二次世界大戦の終結した1945年から第二次オイルショックが勃発した1979年までは、ジョン・F・ケネディ＝リンドン・ジョンソン両大統領の率いる〝明るい〟民主党政権のもと、経済成長も順調に進んだ良い時代というイメージが、いまだに支配的です。しかし、実際にはこの時期の成長率は年率平均で約3・2％と、19世紀の農業時代や工業化初期の時代よりはるかに低い水準でした。ただ、この時期にはまだ「金融市場は、政府による間断なき介入によって操作していなければいけない」という発想は、アメリカの官民のあいだに定着していませんでした。

そういう発想が定着したのが、1980～99年の「新時代」です。この時代に、アメリカ経済は第二次世界大戦後としては最高の年率約3・4％の成長を達成していました。とはいえ、はっきり言えば、当時は「金融肥大化」の時代であり、企業部門全体としてはジリ貧傾向の利益率を金融業利益率の急上昇でカバーして、表面的な繁栄をつくり出した時代でした。

その化けの皮が徐々に剥がれはじめたのが、2000～14年の「利益追求の時代」です。長期サイクルを通じた平均実質成長率は2％台を割りこみ、1・9％に下落。そして、図4－2の棒グラフで描かれた成長率をざっと眺めてもお分かりいただけるように、短期サイクルのたびに年率平均実質成長率は着実に低下し続けています。

しかも、下段のサイクルごとの成長率は、深刻なマイナス成長の年は平均成長率を算出するためのデータから除外するというセコい小細工をしています。具体的には、第一次オイルショックの影響が深刻だった１９７４年と、国際金融危機に直撃された２００８年の数値をはずして勘定しているのです。それでも、アメリカ経済成長率の長期的な鈍化という趨勢は、疑問の余地なく浮かび上がってきます。

要するに経済学者がどんどん政策に関与するようになるにつれて、アメリカ経済の成長は減速してきたのです。なぜ彼らがのうのうと存在し続け、もっともらしく経済政策の提言を続けていられるのか。それは、現代アメリカの政治・経済・社会を牛耳っている利権集団にとっては、それでウハウハの大儲けができているからです。

二度の世界大戦が市場経済の管理経済化を招いた

地球上の大部分でモノ、ヒト、カネを循環させている現代経済は、もはや市場経済ではなくManaged Economy（管理された経済）になってしまっています。中世末期に資源の分

配機能をCommand（指令・統制）から奪い取ったDemand（需要）が支配する、健全で力強い成長を実現する経済は、お上のために催される御前試合や御前演奏の同類に先祖返りしてしまったのです。

この市場経済から統制経済への逆転にもっとも大きく貢献したのは、20世紀に起きたふたつの世界大戦を戦い抜くための戦時生産体制でした。この点については、ウィリアム・H・マクニール著『戦争の世界史　技術と軍隊と社会』（2014年、中公文庫）の下巻に、まさにそのものズバリの指摘をしているくだりがあるので、やや長くなりますが引用しておきましょう。

戦前には市場を介する経済関係の文脈のもとで、数えきれないほど多数の官僚制組織が互いに多かれ少なかれ独立に行動していたのが、戦争中にそれらは癒着合体して、ついには戦争遂行のための単一の国民企業とも称すべきものにまとまってしまった。それを構成した官僚組織のなかでもっとも重要なのは民間の法人企業だったが、それ以外にも労働組合や、政府の省庁や、陸海軍の軍制部局が、国民的事業を運営する新しい方法を定式化するのに指導的役割を果たしたのである。

旧来のあらゆる習慣や制度はいわば可塑性をおび、各交戦国のテクノクラート・エリート層が自在に変形できるようになった。かれらは何百万人もの国民を引き抜いて兵士とし、さらに何百万人もを軍需産業の労働者とした。家庭の営みも、財産権の不可侵性も、消費物資の入手可能性も、近隣関係や階級関係も、すべてが根本的に変形された。日常生活のルーティンや非ルーティンに生じたそれらの変化を全体として考えるならば、この間に社会が遂げた変貌は、昆虫が幼虫から蛹を経て成虫となるあの変態に匹敵するほどめざましい（そしておそらくは同じくらい自然な）ものであったといえる。

マクニール『戦争の世界史』（下）、202〜203ページ

ここでマクニールがいみじくもカッコの中に入れて「自然な」と形容していることには、非常に重要な意味があります。かくもグロテスクな変態が「自然」に見えたのは、それが起きた背景に、近代国民国家同士の総力戦というあまりにも異常な事態があったからこそなのです。

そもそも戦争とは、参加する際の目的が極限まで単純化された人間行動です。なるべく大勢の敵国の人間を殺害し、なるべく多くの敵国の資産を破壊する。これだけ目的が単純

であったからこそ、国民全体を包含する「一企業」というような、平時であれば当然惨めな失敗に終わるはずの統制経済化が成功したのです。さまざまな所得水準と趣味嗜好を持つ消費者に、少しでも多くのカネを遣ってもらう商品やサービスを提供する市場競争の世界では、絶対にありえなかったほどの単純化が起きていたわけです。

1914年以降の西欧諸国では、振り子が市場経済から指令・統制経済の方向に、完全に揺り戻されてしまいました。このとき、戦争への関与が西欧諸国ほど大きくなかったアメリカと日本は、第一次世界大戦が終結した時点ではそこまではっきりした転換を経験せずに済んでいました。

しかし、第二次世界大戦にいたる戦争準備の段階では、日米両国も明らかに国全体を単一の国民企業とする方向に大きく踏み出していきます。そして、いったんそちらに向かうと、それぞれの国情で、それまで西欧諸国ほど政治・社会的な妥協を積み重ねてきた歴史がなかっただけに、愛国主義的な経済単純化に対する抵抗勢力も弱く、いよいよ露骨かつ一方的に「親方日の丸」「親方星条旗」となっていったのです。

なぜ両大戦において統制経済による総動員体制がうまくいったかと言えば、前述したとおり、戦争はなるべく多くの敵国民を殺傷し、敵国に存在する資産になるべく大きな損害を与えるという単純な目的を持った行為だからです。さまざまな人が千差万別の欲求や願望を持っている社会で、どのような商品・サービスをどれくらい供給するかという複雑きわまる問題を解くことは、統制経済にはできません。それは市場の価格発見機能に頼るしかありません。それなのに、官僚・政治家・大企業経営陣、そして大規模労働組合の幹部までが、戦時統制経済の実績に自信を持ちすぎてしまったのです。

指令・統制経済のもとでは、第一次世界大戦勃発以前の君主に当たる知的エリート層（マクニールの表現では、テクノクラート・エリート層）が、市場の動きに介入し、自分たちにとって都合のいい方向に価格と供給量を操作しようとします。ただ、第二次大戦直後には、勝った連合国側でも、負けた枢軸国側でも、国民意識が非常に昂揚していました。それゆえ、あまりに国民大衆の利益に反する、自分たち知的エリート層にとって有利なことが見え透いた政策を推進しようとするのは危険でした。

金融緩和に経済成長を促す効果はあったのか？

連合国側では、国民を戦争に向けて鼓舞するために、自由や民主主義を強調してきまし

た。そして、「大戦での勝利が自由、平等、民主主義を重視する政治姿勢の正しさを立証した」という空気が支配的でした。その中で、それを裏切るような経済政策は推進しにくかったのです。一方、枢軸国側では、国民がさまざまな分野での束縛から解き放たれたことをすなおに喜んでいました。ここでは、あからさまな統制経済への逆戻りは戦勝国以上に政治的な自殺行為だったでしょう。ようするに、戦勝国側でも敗戦国側でも、知的エリートたちは戦争から解放されたことによる民衆の興奮が冷めるのを待っていたわけです。

そして、第二次大戦後の世界は、第一次大戦後の西欧諸国のように、ほとんど小休止なしで戦時体制が常態となるという方向には進みませんでした。ソ連東欧圏をのぞく、いわゆる西側諸国の大部分で、自由、平等、民主主義といった世界中の知的エリートが表面的には讃美する価値が尊重されていた時期が、1960年代末ごろまで続きました。そして、このあとさまざまなデータを使って立証するように、振り子が逆方向に動き始めたのは、1971年に当時のアメリカ大統領リチャード・ニクソンが、一方的な米ドルの金兌換停止宣言をしたころからでした。

ただ、少なくとも1990年代半ばまでの知的エリートたちには、市場に介入し、結果を操作するのに適した時期と、適さない時期があるという程度の分別は持ち合わせていました。ところが、1995年前後にアメリカが世界に対する投資銀行と化したあたりから、連邦政府やアメリカの中央銀行である連邦準備制度（Fed）が、間断のない市場介入と操作を続けるようになっていきました。これは、ほぼまちがいなく当時勃興しつつあったヘッジファンドの行動様式を学んだものでしょう。

ヘッジファンドは、どんな景況であれ、とにかく客から預かった資金を運用によって大きくすることを約束しています。「相場が悪いから、預かった資金を増やせませんでした」という言い訳はできません。だから、どう考えても買いから入って資金を増やせそうもない相場のときには、売りから入り、買って手じまうことで資金を増やそうとします。つまりは、ヘッジファンドの存在が、政府・中央銀行による市場介入、市場操作を、時期を選んで推進する政策から、慢性的にやり続ける政策へと変貌させたのです。

その結果が、どんなに悲惨なことになっているのかを見ていきましょう。

まず、アメリカ経済の中で流通しているM2というマネーストック（通貨供給量）の長期的な推移に注目します。M2とは、基本的には通貨と当座預金と民間銀行がFedに積んでいる準備の合計額を意味します。この指標は、1980年代から90年代半ばまではゆるやかな上昇にとどまっていましたが、1995～96年あたりから急上昇に変わっています。

経済学の教科書などを読めば、「金融緩和政策は、鈍化した経済成長を活性化させるために行う」と書いてあります。しかし、近年すさまじい量に達してしまった金融緩和に、経済成長を促進する効果はあったのか。答えは、明らかにノーです。

1980年代初めから、アメリカのGDP成長率は鈍化し続けています。そして、1990年代半ばにM2の伸びが加速した直後には成長率が多少加速し、その後も数年間横ばいに維持できていました。しかし、効果はそこまででした。その後は、あい変らずM2は急拡大を続けているのに、GDP成長率はむしろ90年代半ばまでより急速に低下していきます。そして、このGDP成長率低下の被害をまともに引き受けているのが、国民の大多数を占める勤労者なのです。

ふつうの経済記事などで使われる完全失業率（U3）ではなく、失業率と不本意就労率を足したU6という指標にそれが出ています。不本意就労率とは、大学卒なのに、大卒資格を必要としない職で働いている人の割合を示します。アメリカでは今、空前の失業率低下が起きていると言われており、それがアメリカ経済の好調の証拠と見る人も多くいます。しかし、その実態は、大卒なのに高卒資格しか必要としない低賃金、非正規の雇用が増えているだけなのです。

「上1％」と「下90％」の所得格差はさらに開いた

当然のことながら、実質賃金は上昇率がほぼ一貫して低下しています。アメリカの一般的な勤労世帯の所得が伸びなくなってしまったのは、いったいいつごろからなのか。これが実に、１９７１年からという、もう40年以上も続いている事態なのです。このへんの事情は、図４－４のグラフにみごとに図像化されています。

これは、所得水準が下から90％の人たちの平均所得を縦軸に、そして上からたった１％の人たちの平均所得を横軸に目盛ったグラフです。まず、アメリカが第一次世界大戦に参戦した１９１７年から第二次大戦参戦直前の１９４０年までは、どちらのグループにもはっきりした所得上昇のない、停滞した時期でした。一見、右肩上がりのように見えますが、年次を見ると、１９１７、28、29年が高い一方で、１９２１、32、34年は低くなっています。はっきりした傾向はなく、１９２１年のような短くも深刻な不況、あるいは30年代大不況のまっただ中には、一般勤労者も大金持ちも所得が低下していたことが分かります。

図4-4　大富豪は中央銀行による不換紙幣増刷がお好き

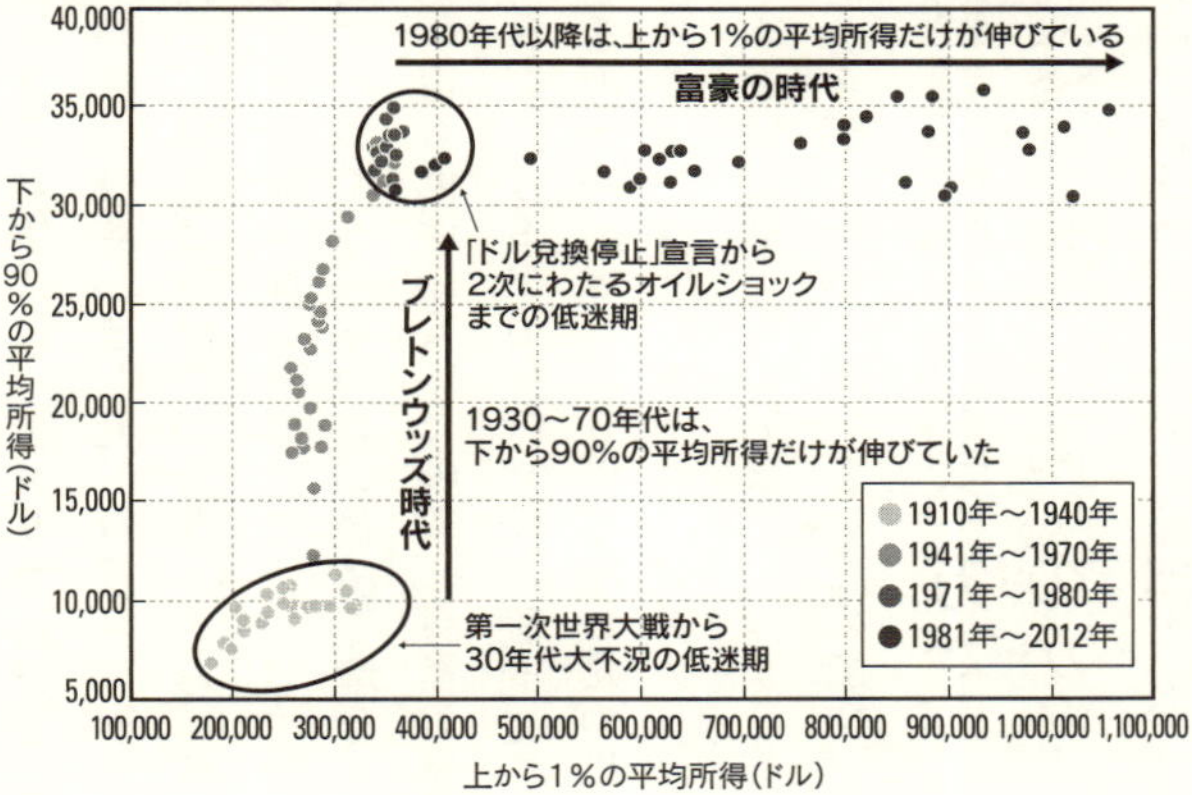

(出所)ウェブサイト『Zero Hedge』、2015年2月20日のエントリーより引用

しかし、日本による「不意打ち攻撃」を待ちわびて第二次世界大戦に参戦した1941年から、ニクソンによる「米ドルの金兌換停止宣言」直前の1970年までは、アメリカの勤労者たちはいちばん順調に所得水準が上がっていた時期でした。1941年には1万2000ドル程度だった「下から90%」の平均所得は、1970年代末には約3万3000ドルへと3倍近い伸びを示しています。一方、この時期の「上から1%」の平均所得は、30万ドルを若干下回る水準から30万ドル台の半ばまでと、ほとんど横ばいと言えるほど伸びの少ない時期でした。

そして、2度のオイルショックにはさま

れた1970年代に、アメリカはまたしても一般勤労者も大金持ちも、ともに所得が伸びない時期を経験しました。経済全体が非常に大きく、原油消費に依存した構造になっているため、原油価格高騰の影響をもろに受けたのでしょう。加えて、失業率が高止まりしたまま、インフレ率は加速するというスタグフレーションにも見舞われたのですが、これは庶民にとってとてもつらい経済環境でした。ただ、救いと言えるのは、当時は大金持ちの平均所得も低迷していたので、貧富の格差にはほとんど変化がなかったことでしょう。

最後に、1980年代以降の動向です。大金持ちの平均所得は約35万ドルから100〜105万ドルへとほぼ3倍に増したのに、「下から90%」の平均所得は、3万ドル台の前半にとどまりまったく伸びず、グラフ中では最新の2010〜12年には3万ドル台を割りこみそうなほど低下しています。つまり、この間に「上1%」対「下90%」の所得格差は、約10倍から約30倍へと開いていたのです。

所得格差が小さい国の方が なぜ経済成長率が高いのか?

このアメリカ国内での格差拡大は、日欧の主要先進国と比較してどうなのか。それを教

えてくれる、おもしろいデータがあります。

図4－5のグラフから何が分かるでしょうか。まず、戦時体制化に対する反省や懐疑がもっとも少なかった典型的な戦勝国、アメリカとイギリスでは、1970年代前半のうちに「下から90％」の所得が横ばいから低下に転じてしまいます。ただ、その後イギリスでは80年代前半に成長軌道に復帰しますが、アメリカはほぼ一貫して横ばいのままです。

さらに、英米ほど戦時体制化が深刻ではなかったもののやはり戦勝国だったカナダと、有権者の投票で選ばれた正統政府は開戦直後にドイツに降伏して枢軸国側として戦う一方、ドゴール将軍率いる自由フランスは連合国側に付き、どう転んでも「我が国は戦勝国でございい」と言えるようにヘッジしていたフランスでは、1970年代末に横ばいから低下に転じます。ただし、そこにいたるまでの戦後復興過程では、フランスの「下から90％」の所得の伸びは日本、ドイツに次ぐ高さだったことにも、ご注目ください。

一方、日本、ドイツ、イタリアの言い訳の余地のない敗戦国では、1990年代前半くらいまでゆるやかながらも「下から90％」の所得の伸びが持続します。同時に、戦勝国側に比べてその伸び率も高く、ここには出ていませんが、GDP成長率自体も高かった。第二次世界大戦後の経済の奇蹟と言えば、まず日本のことであり、次いでドイツ、イタリア

図4-5　下から90%の平均所得成長率（1950〜2013年）

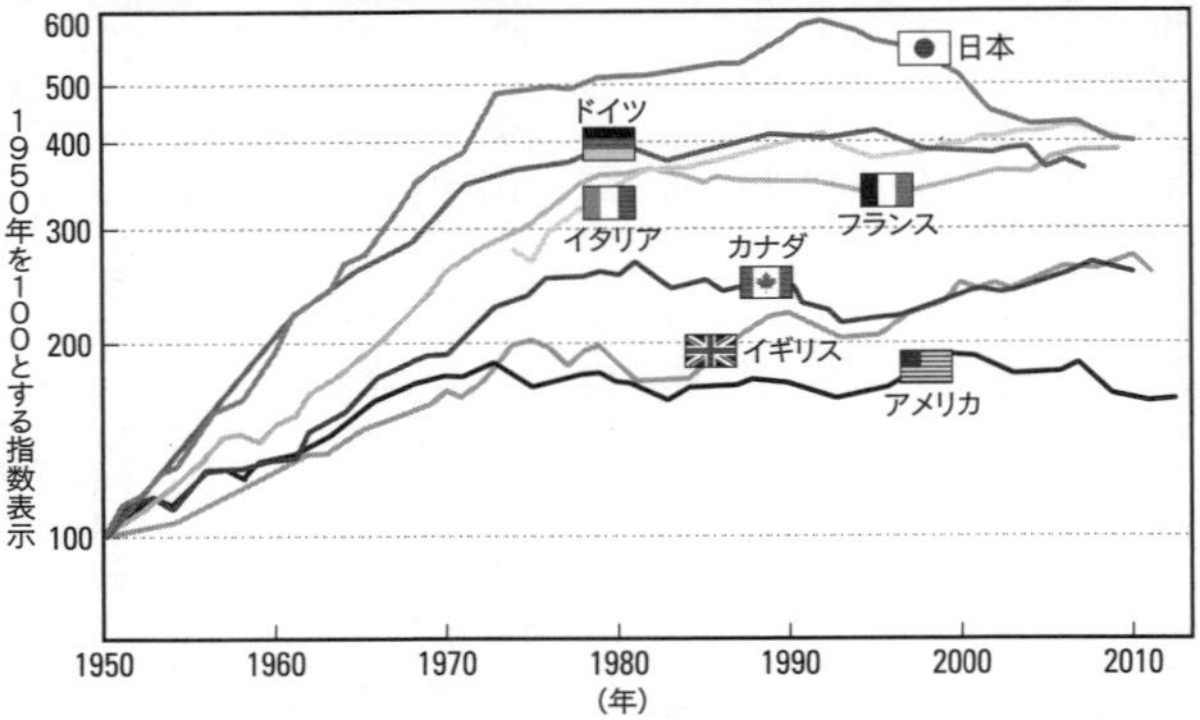

注：全対象国について所得はキャピタルゲインをのぞいた数値。ドイツについては1998年以降キャピタルゲインをのぞいた数値が入手できなくなったので、それからの数値は、過去のキャピタルゲインをふくむ数値とふくまない数値との比率によって推計。イタリアの数値は1974年以降分のみ入手可能。

（出所）ウェブサイト『Econoblog 101』、2015年2月20日のエントリーより引用

なのです。

これらの事実は、いったい何を意味するのでしょうか。第一に言えることは、所得格差が小さい、あるいは縮まっている国のほうが、経済成長率は高いという一般法則がありそうだということです。これは、所得水準の低い階層ほど消費性向が高いので、低所得層の所得の伸び率が高いほうが消費は活性化するという、実証経済学でよく知られた事実とも符合します。

次に、知的エリートの傲慢な鼻がへし折られた敗戦国のほうが、敗戦直後の開放感、昂揚感を維持しやすかったということも言えるでしょう。ナチスドイツや

ファシストイタリアでもそうだったでしょうが、戦後の日本でも、軍部の無謀な独走を褒めそやしていた知識人・文化人が敗戦と同時に手の平を返したように「自由だ」「平和だ」「民主主義だ」と言い出したことに、大衆の多くは心の底から嫌悪や侮蔑の念を抱きました。だから、知的エリートにとって都合がよく、大衆をコケにするような体制への再転換は、困難をきわめたのです。

しかし、第二次世界大戦の戦中から戦後にかけての英米では、知的エリートがみっともなく前言をひるがえして大衆の怒りを買うというようなことは、ほとんどありませんでした。ゆえに、政府官僚と民間大企業・大規模労組官僚が結託した単一国民企業化はずっとやりやすかったのです。

この点を考えると、「正しい戦争」などというものはなく、戦争に参加するのはいつもまちがった方針だとしても、いったん参戦してしまったら、勝つより負けるほうが正しいということはありそうです。

現在の国家丸抱えの金融市場買い支えはいつか破綻する

そして、アメリカでは今もなお、景気循環のたびにますます大富豪・超富豪に富が集中するメカニズムが強化されています。あれほど好調と喧伝されるアメリカ経済も、個人の純資産総額の対ＧＤＰ比率は、まだピークに達した２００８年の５・３倍強に及びません。つい最近発表された２０１４年の最新数値でも５・２倍程度です。これは、サブプライムローン・バブルによって膨れ上がってから暴落した個人住宅の評価額が、依然としてバブル崩壊以前の水準まで戻っていないことを意味します。

その一方で、一般大衆はほとんど持っていない株や債券などの金融資産を溜めこんでいる大富豪・超富豪の純資産は急上昇しています。２０００年のハイテク・バブルのピークではＧＤＰの３・６倍ほどだったのが、２００８年のサブプライムローン・バブルの頂点で３・７倍弱、そして直近では３・８倍を超えるまでに上昇しています。もちろん、この順調に金融資産が伸びる裏で、連邦政府やＦｅｄが「インフレ促進チーム」の一員としてゲームに参加していることは明らかです。つまり、いつかどこかで破局的な事態が起きな

いかぎり、どちらに賭け金を積めばより収益を上げられるか予測しやすいことも、大いに貢献しています。

しかも、2008~09年の国際金融危機は、あまりにも危険な教訓を金融市場参加者に学ばせてしまいました。それは、たとえ破局が訪れたとしても、見せしめのために潰される大手金融機関にたまたま過剰に資金を注ぎこんでいたというような「不運」がないかぎり、最大手金融機関の大部分は絶対に救済されるから、むしろ安全だという教訓です。

当時、欧米主要金融機関は軒並み、自己資本1に対して借金が30以上というとんでもなく高いレバレッジをかけて資金運用をしていました。運用している総資産に3・3%以上の損失が出れば、自己資本が消えうせ、資金手当てができなければ即破綻という水準です。もちろん、大手金融機関が等しくこうむった損失は、総資産の3・3%などという生やさしいものではありませんでしたが、「大きすぎて潰せない」という陳腐な屁理屈によって、主要金融機関のほとんどが救済されました。

ここで、「零細な個人預金が巻き添えを食うのは許せない」という反論は意味をなしません。破綻した時点で、金融機関を預金部門と自己資金運用・投資顧問部門に分割し、預金部門だけを救済すれば、なんの問題もないからです。

そして、今ではＦｅｄ自身が自己資本に60～70倍のレバレッジをかけて、米国財務省債や資産担保証券で手広くヘッジファンド顔負けの運用をしています。中央銀行券、アメリカで言えばドル札は、中央銀行の紙幣保有者に対する借用証です。その銀行券をなんの担保もなしにいくらでも増刷できる組織が本気になって運用を始めたら、民間金融機関ではとうてい怖くてできないような高いレバレッジも、たやすく可能にしてしまう。それを象徴する事実です。

現代アメリカで進行中の国家丸抱えの金融市場買い支えは、企業社会で現役の帝王である金融企業による、王座を守るための必死の、しかし結局は最後の抵抗でしょう。いずれ政府や中央銀行まで巻きこんだ金融破綻によって、サービス業の1部門、しかもあまり利益率も成長性も高くない地味な部門という分相応の地位に戻らざるを得なくなるはずです。

世界経済の大勢は、明らかにモノ（工業製品）からコト（サービス）へと移行していきます。いまや、先進諸国の大部分で消費の6～7割をサービスが占め、製造業製品は2割程度か、それ以下に縮小しています。これは、世界が資源消費に依存しない豊かさを追求するようになったということで、文句なく歓迎すべき傾向です。アメリカの異常な金融肥大化が破綻したあとの21世紀世界は、サービス業の時代になっているでしょう。

一方、つい最近崩壊したと思われる中国の資源浪費バブルは、すでに王座を失った製造業による王政復古、反革命の試みだと言えます。

中国のバブル崩壊はいつ顕在化するのか

サービス業主導経済という世界的な潮流に抵抗して、なんとかモノの拡大再生産によって高成長を維持しようとしてきた国があります。中国です。いまや世界第2位の経済大国にのし上がった中国は、世界中から金属資源・エネルギー資源を買いあさって高度経済成長を続けてきました。

しかし、その資源浪費バブルを維持するための資金回転は、２０１２年の時点ですでに続かなくなっていた気配が濃厚です。中国の原油消費量は、２０１２年の秋に日量１０００万バレル目前でピークアウトし、その後2度、3度とこの高値を試しに行っては跳ねかえされています。資源浪費バブルの膨張は、２０１２年に止まったと断言していいでしょう。

それは、消費者物価指数（ＣＰＩ）と生産者物価指数（ＰＰＩ）との対比にもはっきり表れています。２０１２年の年初から、生産者物価指数が長期的なデフレの進展を示すなべ

底型のマイナス局面に入っているからです。これまでにも、中国の生産者物価上昇率がマイナスとなったことはありましたが、つねに急降下してV字型回復というパターンでした。そうではなく、マイナス成長のまま底ばいという展開となったのは、これが初めてです。

こうして、2012年以来企業を取り巻く経営環境・収益環境が日増しに悪化している中で、中国企業全体としては、この苦境を債務拡大で乗り切ろうとしています。中国の総債務が約2年間の横ばいを経てふたたび急拡大に転じたのも、ちょうど2012年に中国の原油消費量が拡大から横ばいに転じたころのことでした。これは、事業の成長が急激に鈍化したために、借金返済のための資金を新しい借金で補填しなければならなくなった企業が増えたことを示唆しています。そして、貸し手の大半は正規の銀行ではなく、ローンを小口証券にして、個人投資家に理財商品として売っているシャドーバンクなのです。

しかし、シャドーバンクが高利回り商品の源泉として利用してきた不動産開発事業ばかりか、工場設備投資も急激に冷えこんでいます。今のところシャドーバンクの経営がなんとか大量破綻を起こさずにやっていけている最大の理由は、総額2兆ドルという、アメリカの上場投信（ETF）の市場規模とほぼ同額の資金を投入し、いっせいに株を買い、買えば買うほど株価が上がるという運用益で、なんとか投資家に約束した利払いをやりくりできているからです。

つまり、先進諸国では無尽蔵の資金を持ち、国家とともに永遠の生命を持つという幻想を維持している中央銀行が買い支える人工的なバブル相場を、中国ではシャドーバンクが支えているのです。中国政府、人民銀行、共産党幹部連は、いざとなったらシャドーバンクは見殺しにして、自分たちは生き延びる算段をしているのでしょう。それは、彼らの自己保身策としては正解かもしれません。しかし、中央銀行自身による買い支えと、統合司令部があるわけでもなく、個別企業としてはとうてい無尽蔵の資金も永遠の生命も持たないシャドーバンクが五月雨的に買い支えるのでは、逆風時の耐久力は雲泥の差です。

中国のシャドーバンク各社は、買っても買っても株価が高値を抜けないという状態になったとき、いつまで買い続けられるのか。中国のシャドーバンクが上海総合株価指数の買い支えを放棄した時点が、先進諸国の中央銀行による自国国債の買い支えを崩壊させるきっかけになるのではないでしょうか。

中国の場合、1988年と2013年では、物質的な生活水準は比べものにならないくらい改善していたはずです。それでも、イギリスの『エコノミスト』誌が集計した「生まれたかった国」としての順位は1988年の32位から2013年の49位へと大幅に後退してしまったのです。中国は今、莫大な貿易黒字はむしろ増加傾向にあるのに、対外資金収支では流入超過から流出超過に変わっています。

資本収支で、海外から中国への投資より中国から海外への投資のほうが大きくなっているという、公式データで確認できる動きもさることながら、統計上は誤差脱漏としか把握できない、海外への不正送金が巨額化しつつあるのです。これはもう、共産党・国家・地方自治体・人民解放軍の幹部、そして金持ち層が中国脱出を図って、自分が逃げ出す前に、まず落ち着き先に資金を送っているのだと考えてまちがいないでしょう。

地上最大のクルマ社会、アメリカでさえエネルギー消費が縮小している

中国のように今も製造業の対GDP比率が50％近い国で、これだけ製造業の生産活動が衰退しているのに、GDP全体では6～7％の成長を維持しているということがありうるでしょうか。製造業とほぼ同規模に育ってきた第三次産業（卸売小売・金融保険・不動産・その他サービス）部門が10％台後半の高成長を続けているというのも、信じられない話です。いずれは、これまでの中国の国民経済に関する統計が、組織的にねつ造されたも

のだったという事実が判明するでしょう。だから今、中国で鉄鉱石、熱延鋼板、銅、アルミといった金属および金属原料の価格が軒並み暴落しているのです。

つまり、2014年7月に始まったバレル当たり100ドル台から40ドル台への原油価格暴落は、ロシアがどうの、OPEC諸国がこうのといった地政学的な権謀術数とはほとんど無縁の現象であり、その実情は、中国資源浪費バブルの崩壊により、世界中のエネルギー・金属資源の需給が大幅にゆるんだことを象徴する値動きだったのです。

今回のエネルギー価格暴落で露呈したほんとうに深刻な問題は、中国の資源浪費バブルが立ち行かなくなったことによる需要激減の底流として、アメリカ国民がエネルギー消費に回せる予算のシェアがじりじり低下している点にあります。

国際金融危機がサブプライムローン・バブルの崩壊につながった2008年は、アメリカのエネルギー消費がGDPに占めるシェアにとっては大天井となりました。この年9・6％まで上がっていたエネルギー消費のシェアは、経済全体としては回復に転じていたはずの2011年以降2014年まででさえ、9・0％から8・0％へと顕著な下降が続いています。

アメリカ国民のあいだで貧富の格差が拡大している現状を考えれば、この傾向が逆転する可能性は非常に低い。つまり、アメリカ国内のエネルギー需給は、この先10年や20年では好転しないはずです。いや、「能力ある少数者が、貧乏人を貧乏にとどめたまま、どんどん豊かになるのはいいことだ」という昨今の風潮を根元からひっくり返すような一種の革命が起きないかぎり、何年待っていても好転しそうにありません。

それに加えて、中国からの資金流入によって全世界規模で起きていたエネルギー・金属資源産業の投資ブームも、明らかに退潮に向かっています。

2010年からの回復期における世界の貿易を、価格ベースではなく数量ベースで見た成長率は、2000～08年の7・65％から4・28％に急低下しています。最大の理由は、中国実体経済の急激な成長鈍化です。2014年末まではなんとかプラス成長を維持していましたが、2015年の時点では低成長からマイナス成長に変わるかもしれません。この激変は、世界中の資源国、とくに過去10年ほど中国資源浪費の恩恵で羽振りの良かった国々に、壊滅的な打撃となります。

まず、2013年には1400億ドル（約17兆円）に達していた中国の対外投資総額は、2014年には半分未満の650億ドル（約8兆円）に激減しています。ただ、この対外投資額の減少自体は健全な傾向です。これによって、エネルギー資源や金属資源の採掘分野での設備投資を縮小せざるを得なくなった国々は、比較的軽い被害で済むでしょう。
問題は、すでにこれらの分野で中国からの巨額投資を受け入れ、採掘・精製などの生産設備を大幅に拡大してしまった国々です。中国による対外投資を受け入れている対象国中で総額が多い順に5ヵ国を列挙すると、アメリカ、オーストラリア、カナダ、ブラジル、インドネシアとなっています。

アメリカは総額７１９億ドルで、全8分野のうち最大分野は金融業界の２０４億ドルとなっています。ここから、アメリカ国内の金融破綻が中国の資源浪費バブル崩壊と負の相乗効果を発揮することは考えられます。ただ、エネルギー・金属分野自体の過剰投資問題はあまり深刻ではなさそうです。というのも、エネルギー分野こそ１６６億ドルと金融業界に次ぐ投資額ですが、金属分野はわずか13億ドルと8分野中最小額にとどまっており、この2分野の総投資額に占めるシェアも30%に過ぎないからです。

資源バブル崩壊でいちばん得をするのは日本という現実

アメリカ、中国それぞれの事情によって天然資源を以前ほど気前よく消費できなくなっ

ているという状況が、ほぼ無条件に国民経済の改善に寄与する国が少なくとも一国は存在します。それが日本です。日本は先進国中もっともエネルギー資源、金属資源、食料の輸入依存度が高い国です。ゆえに、資源価格が高くなれば、国民全体が輸入品物価の高騰により生活水準を下げざるを得ませんが、逆に安くなれば、国民全体が潤う経済になっているのです。

図4―6のグラフは、世界商品市況の製造業労賃に対する比率の推移を、1957〜2015年という長期にわたってまとめたものです。

日本は世界の主要国中でエネルギー資源、金属資源、そして食料の輸入依存度がいちばん高い。だから、世界の商品市況が製造業の労賃に対して上昇すればするほど、輸入する食料や工業原材料の値段は上がり、自分たちの労働の成果としての製造業賃金は下がるという苦境に立たされてきました。

グラフ上の2本の実線の矢印が示すとおり、日本の経済成長率は2段階で低下していきます。1971〜81年に、この相対価格が年率15％強で上昇した結果として、高度成長が安定成長に減速しました。そして、多くの論者が誤解しているのですが、安定成長がゼロ成長、ときにはマイナス成長まで下がったのは、1990年のバブル崩壊直後のことではあ

図4-6　世界商品市況の対製造業労賃比率推移（1957～2015年）

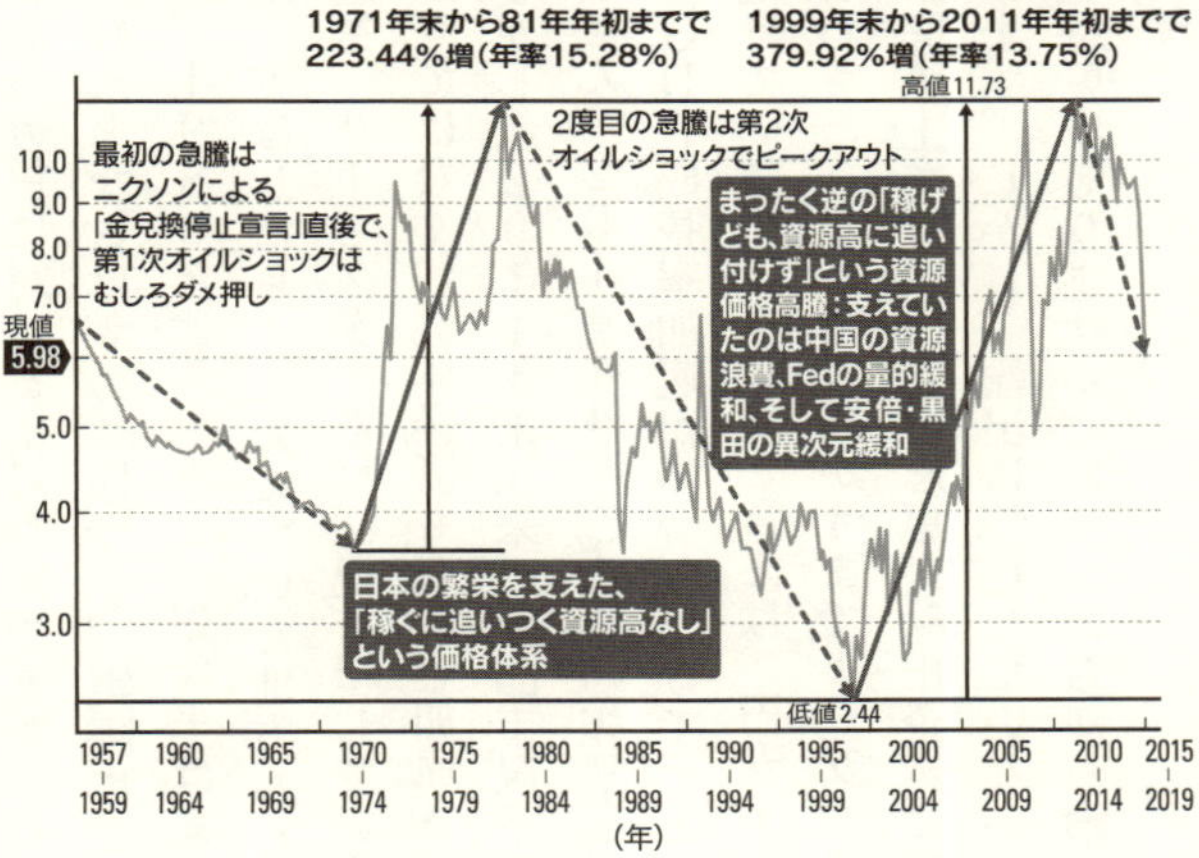
1971年末から81年年初までで
223.44%増（年率15.28%）
1999年末から2011年年初までで
379.92%増（年率13.75%）
高値11.73
2度目の急騰は第2次
オイルショックでピークアウト
最初の急騰は
ニクソンによる
「金兌換停止宣言」直後で、
第1次オイルショックは
むしろダメ押し
まったく逆の「稼げ
ども、資源高に追い
付けず」という資源
価格高騰：支えてい
たのは中国の資源
浪費、Fedの量的緩
和、そして安倍・黒
田の異次元緩和
現値
5.98
10.0
9.0
8.0
7.0
5.0
4.0
3.0
日本の繁栄を支えた、
「稼ぐに追いつく資源高なし」
という価格体系
低値2.44
1957 1959
1960 1964
1965 1969
1970 1974
1975 1979
1980 1984
1985 1989
1990 1994
1995 1999
2000 2004
2005 2009
2010 2014
2015 2019
（年）

（出所）ウェブサイト『True Sinews』、2015年2月3日のエントリーより引用

りませんでした。１９９９～２０１１年の中国資源浪費バブルが満開になったことによる、商品市況の急騰こそが元凶だったのです。この時期の商品市況の製造業労賃に対する相対価格は、年率14％弱で上昇していました。

ただ、当時の日本経済は、世界商品市況の対製造業労賃相対価格をストレートには反映せず、すさまじい低迷に陥ることはありませんでした。それは、この間に日本円が米ドル、およびその他通貨に対して上昇していたために、円ベースでは輸入食料、輸入工業原材料価格の高騰が抑制できていたからです。

逆に、点線の矢印で示した、商品市況

の製造業労賃に対する相対価格が下がっている時期は、本来であれば日本経済にとって飛躍の好機となるはずの時期です。実際に、１９５７～69年は高度成長まっただ中でした。また、１９８０年代の大半と90年代半ばまでは、バブル景気とその余熱と見なされがちですが、実はしばらくとだえていた地方から大都市圏への人口移動が再開されるとともに、製造業、サービス業ともに活況を呈していました。つまり、大都市圏の不動産価格や株価ばかりではなく、実体経済も成長を加速させていたのです。

しかし、２０１１年末以来の商品市況下落では、日本経済はほとんど恩恵にあずかっていません。２０１４年４月の消費税増税を控えた同年１～３月期に駆けこみ需要による一過性のＧＤＰ成長率加速があっただけで、その後は３四半期連続前年同月比でマイナス成長を続けています。なぜかと言えば、円安・インフレ政策によって世界商品市況下落の恩恵、すなわちあらゆる輸入品が今までより安く買えるという恩恵を自ら辞退しているからです。

新聞紙上では「円安の恩恵が輸出企業に偏りがちである……」などという表現を多く見かけます。しかし、輸出に特化していない一般企業や個人消費者にとって、円安には何ひとつ恩恵はありません。ありとあらゆる輸入品価格が高くなるという被害が生ずるだけなのです。

そして、円安が輸出企業にもたらす恩恵なるものも、今までのところまったくといっていいほど出ていません。輸出を増やすことの意義は、持っているだけでは何の役にも立たない外貨を溜めこむことではなく、その外貨でどれだけモノやサービスを輸入できるかにあります。しかし、日本経済は円安政策を取ってから、一貫して輸出先国の通貨ベースでの輸出額が減少しています。つまり、輸出の対価によって海外からモノやサービスを買う力は、衰え続けているのです。

アメリカの貿易赤字総額における対日赤字の占める比率と、米ドルの対円レートの相関性を調べてみたところ、対日赤字の比率は、1994年には45%近かったのが、2008年には10%を割りこむところまで減少していました。もし円安政策が成功だったとしたら、第二次安倍政権誕生後、つまり2013年以降のこのシェアは、顕著に増加していなければならないはずです。1ドル80円から120円への円安は、日本の商品やサービスの価格が米ドルベースで3分の2に下がっていることを意味します。

ところが、これほど安くなったにもかかわらず、アメリカの対日赤字のシェアはほぼ横ばいです。つまり、価格を安くすればたくさん買ってもらえる、円安が対米輸出を拡大するという議論は、まったくの机上の空論だったのです。また、これは対米交易だけの問題ではなく、世界中どこの国に対しても同じです。

日本円ベースで見た輸出額は、円安のおかげで雀の涙ほど拡大したことになっています。しかし、米ドルベースで見た輸出額は、1ドルが約80円という円高だった2011年末のピーク時に比べて、23・57％も下がっているのです。つまり、輸出産業各社は円安でも米ドルベースでの売上をちっとも拡大できないでいます。

一方で、輸入品や輸入サービスを買う個人家計、輸入原材料を買う企業のすべてが、円安で損をしています。安倍内閣、黒田日銀はこういう愚鈍な政策にいつまでもしがみついているのです。

しかし、日本の大衆は、円安・インフレは庶民生活を苦しめるだけで何ひとつ恩恵がないことに気づきはじめています。世界的な資源不況は「あらゆる資源を輸入する必要があり、輸出できるのは自分たちの労働の成果だけ」という日本のような国にとっては減速つづきだった経済を活性化させる千載一遇のチャンスであり、このチャンスを自ら円安政策で辞退するのは、愚の骨頂だということを理解する日も近いでしょう。

第5章

アベノミクスでは日本経済は復活しない

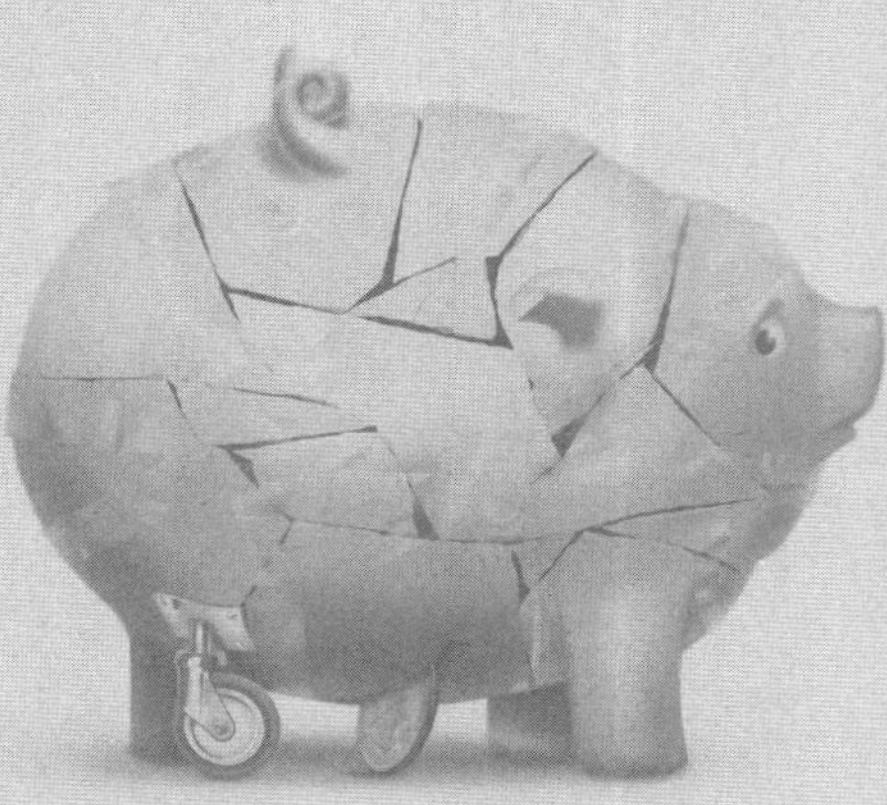

世界中の金融政策が分裂症に陥っている

世界中の主要国の財務省・大蔵省と中央銀行が、あたかもヘッジファンドになってしまったかのようにひんぱんに市場に介入し、市況を操作する。こんなデタラメがまかりとおっているのが、現代世界です。

一方では、「いつでも、いくらでも、何回でも」借金のできる国、大手金融機関、一流企業、一握りの大富豪には圧倒的に有利で、その他大勢には悲惨なインフレを持続させることが、この際限のない市場介入をするにあたっての至上命令です。しかし、もう一方では、借金の元本を決まった時期に返済し、資金の借り手が利払いの負担を背負い続けることに耐えられなくなって破綻しないように、金利はどんどん低下させ続けなければいけません。

この2つの政策目標には、まったく論理的な整合性がありません。毎年（あるいは毎月）支払われる金利がインフレによる元本の目減り分を下回る、すなわち実質金利がマイナスになってしまったら、即利回りを求めて債券を買う投資家はいっせいに売りに回り、債券価格は急落し、金利は暴騰するはずだからです。

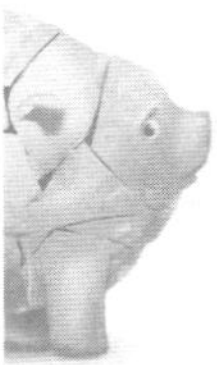

この本来はありえない状況を支えているのが、今や世界中の先進国の中央銀行が白昼堂々と行っている典型的なタコ足金融です。金融市場から自国の国債を買うことで市場に潤沢な投機資金を提供するとともに、経済合理性を持つ投資家なら誰もが売りたがっている、実質マイナス金利ないしそれに近い低金利の国債を吸収するという、非常事態にしか使えないはずの金融政策が常態化しているのです。

現代の先進諸国中央銀行は、建前上だけでも国家財政からは独立した機関だという体を保とうなどといった見識は、とうに持ち合わせていません。自行の刷った不換紙幣で自国の低利国債を買い入れ、金融市場に低金利・ゼロ金利の資金をあふれさせるという手段を、日常的に使っています。

このように中央銀行が自国政府の発行した国債を買い入れるのは、論理的に考えれば危険きわまりないことですが、形式論理だけを見れば、絶対に破綻することのない「安全策」です。中央銀行は運用によって利益を出すことを期待されている機関ではないので、どんなに低金利だろうと、マイナス金利だろうと平然と国債を買い続けることができるのです。

そして、中央銀行としては、買っておいた自国国債を償還期限までずっと持ち続けていればいいというだけのことなのです。期限になってもまだ国が償還資金を用意できない状態だったら、持っている国債を償還するための借換え債を国に発行させて、それを自行で刷った紙幣で買い取ってやればいいのですから。

こんな手を何十年にもわたってくり返せば、債券市場だけではなく、株式市場まで利潤動機を失います。そして、徐々に、しかし確実に国民経済は衰亡していきます。アメリカの金融市場はもう、21世紀初めごろからそういう兆候に満ち溢れています。株主還元の美名のもとに、配当支払い額を増やし、大規模な自社株買いを行なう一流企業が増えているのがその証拠です。自社株買いには、解散価値の前払い以外の意味は存在しません。

しかし、国家や中央銀行の永続性は信じながらも、さすがに自分たちが不老不死ではないことくらいは知っている国家官僚や中央銀行幹部には、そんなことはどうでもいいのです。自分の任期のあいだだけ、一流企業や大手金融機関の人気取りに勤《いそ》しみ、任期を終えればお役御免。それでなんら問題はありません。

中央銀行による自国国債の買い入れはもはや、ギリシャ時代の悲喜劇の作劇法に登場した「機械仕掛けの神」のレベルに到達しています。つまり、複雑怪奇にからみ合った因果の糸が、全面的な破局以外の解決などあり得ない状況になってから、入り組んだ糸を魔法のように解きほぐし、強引にハッピーエンドに持ちこんでしまう仕組みになっているのです。

白川方明総裁時代の日本銀行は、いやいやながら、欧米「先進」諸国中央銀行の無法ぶりをなるべく小規模にとどめて後追いしているだけでした。ところが、黒田東彦総裁になってからというもの、喜々としてこの自国経済衰亡策の先頭に立っています。

しかし、「経済衰亡、この道しかない」ことが分かりきっている「中央銀行による国債買い入れ」には、論理的に「当然、ここで破綻するはずだ」というような弱点がなかなか見出せません。我々日本国民は、自国を延々と長期衰退に引きずりこむ、この機械仕掛けの神の傍若無人な振る舞いを、手をつかねて傍観しているしかないのでしょうか。

賭場の胴元も賭け手の一員として相場を張る異常さ

今や、世界各国の財務省・大蔵省、そして金融業界からの利益代表として政府に送りこまれた両棲類のような存在である中央銀行は、金融市場というカジノを胴元として運営しているだけではありません。「インフレ方向に相場を動かしたい」という意図を持った賭け手の一員としても、金融市場に参加しています。

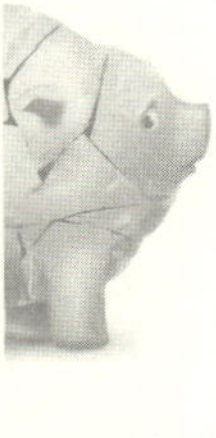

胴元が自分でも賭けているという状況は、当然のことながらそれ自体がほかの賭け手た

ちに対する強烈なアナウンスメント効果を持ちます。一定方向への予測、あるいは予断を与えるからです。つまり、胴元が「できることならインフレに持っていきたい」という意向を持っている以上、ほかのプレイヤーたちは、このカジノで使われているサイコロもカードも、インフレという目のほうが、デフレという目よりはるかに出やすいように工夫されているに違いないと判断するわけです。

そして、大多数のプレイヤーにとっては「予測」でしかない「インフレ期待」は、政府・中央銀行にとっては「計画」あるいは「目標」となっています。この意味で、世界中の政府・中央銀行が公然と「自分たちはどういう目を出したいと思って、相場に参加しているのか」を言いふらすことができるようにしたのは、日本政府と日銀の「偉大な貢献」でした。

日本政府・日銀が「デフレ脱却のためにインフレ率の目標を設定する」と言い出すまでは、世界中どこの国でも、「インフレ目標」とは国民の大多数を苦しめるインフレの被害を最小限に食い止めるための、「インフレ率をこの水準まで下げる」という目標でした。ところが、日本政府・日銀は「デフレから脱却するために、現状では0〜マイナス1%程度で推移している日本の物価を、年率2%で上昇するような金融・財政政策を取る」と宣言したのです。

それまでは、「どんなに国民を物価高で苦しめようと、自分たちの抱える莫大な借金を部分的に踏み倒せるインフレのほうが、時間が経つほど返済負担が重くなるデフレよりいい」という方針は、少なくとも政府や中央銀行がおおっぴらに口に出せることではありませんでした。察しのいい人には「ははあ、世の中はそういうふうに操縦されているのだな」と分かってしまうでしょうが、何もここまで国民大衆の利益と反する政策を公然と標榜して、寝た子を起こす必要はないというたぐいの、暗黙の了解事項だったのです。

しかし、日本政府・日銀が禁断の扉を開けてくれたことで、後続の世界各国金融当局は、ずっと楽にこの方針を推進できるようになりました。そして、審判団が堂々と一方のチームに加担してゲームに参加するようになった世界の惨状は、もうすでに次の3枚組グラフ図5－1にはっきりと表れています。

まず、いちばん上には日銀が日本株ETFを購入したタイミングと購入額のグラフが出ています。そして、上から二番目の東証TOPIX指数の推移を見ると、だいたいにおいてTOPIXがちょっと下げて「調整局面入りかな?」という時期に、必ず買って相場が上昇基調を維持するようにしていることが分かります。この傾向は、下の円グラフにもはっきり表れています。日銀が日本株ETFを買った日のうち、76%は下げて始まった日

図5-1　「刷って、買って」のくり返し

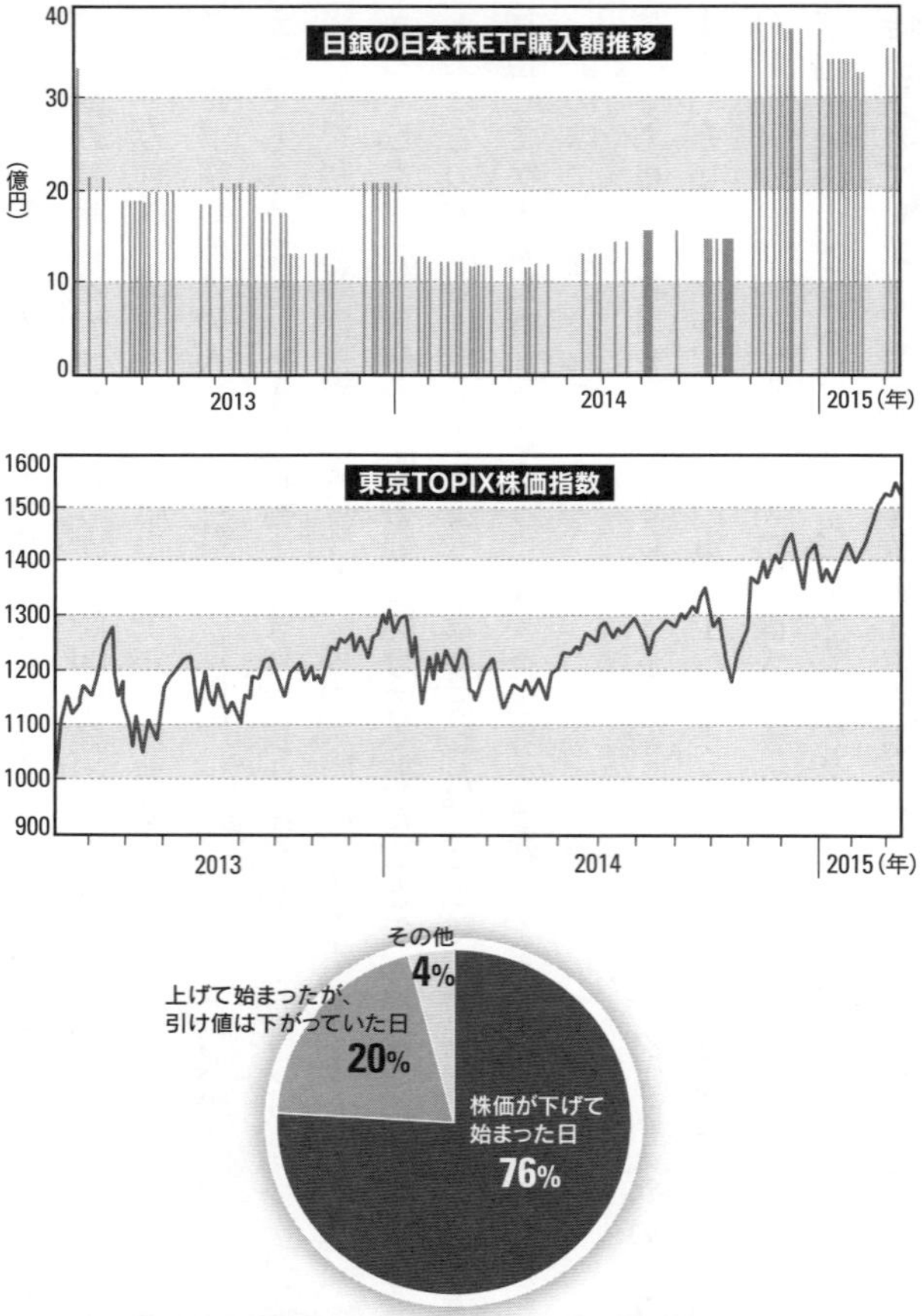

日銀は2013年4月4日以来で合計143日、日本株ETFを買っている。大多数は、市場が下げていたときの購入だった。

（出所）『Stealthflation』、3月11日のエントリーより引用で、20％は上げて始まったものの場中に下がった日であり、下げなかった日の買いはたった4％にとどまっています。日銀はここまで露骨な市場操縦を、日本の株式市場でやっていたのです。

「それがどうしたというのだ？　下がったところで買うのは、その後に損失を出す危険も少ない健全で保守的な買い方だ。そして、この日銀の支援があったからこそ、日経平均も2万円台の大台乗せまで順調に上がってきたのだ」とおっしゃる方もいるでしょう。しかし、本来上がることもあれば下がることもある市場に、無尽蔵の資金を持ったプレイヤーが参加し、下がるたびに買いを入れていたら、市場の価格発見機能が作動しなくなることは明白です。

価格発見機能とは、市場参加者がそれぞれの思惑で買いや売りを交錯させることで、適正な価格が発見されることです。しかし、最大のプレイヤーが明らかに「上げたい」という意図をもって市場を操作し続け、ほかのプレイヤーたちもその意図を見通しているとしたら、適正価格はずっと下だったとしても、株価は経済実態とかけ離れた高値に舞い上がってしまいます。図5－2のグラフは、日本株市場がすでにそうなっていることを示しています。

図5-2　成果は、めったに見ない▲100近辺の経済サプライズ指数

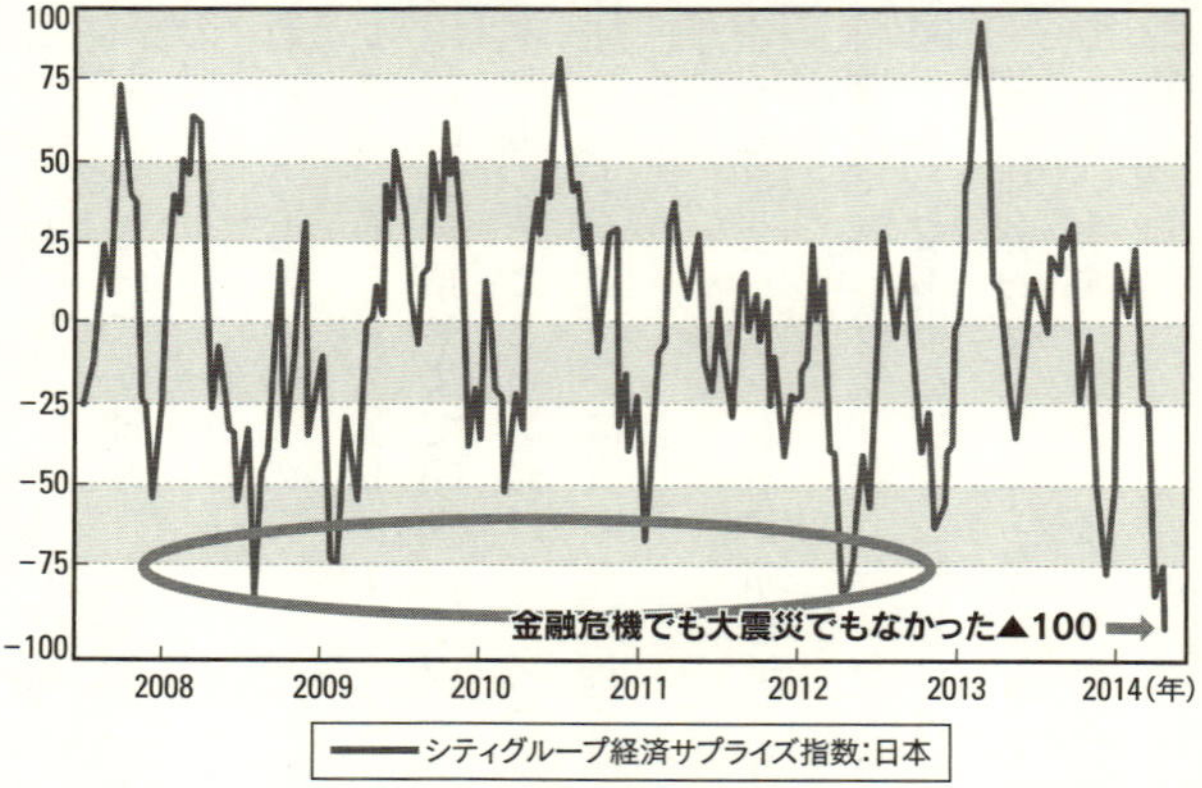

(出所)『Stealthflation』、3月11日のエントリーより引用

シティグループが公表している世界主要国の経済サプライズ指数を見ると、日本経済は2014年末の時点でマイナス100近くまで悪化していました。サプライズ指数とは、重要な経済指標について、実績が直前の予測より良ければプラス、悪ければマイナスとして集計した、経済環境の良し悪しを測る指標のことです。

これがマイナス100というのはとんでもない悪さで、日本の場合2008～09年の国際金融危機のまっただ中でも、2011年の東日本大震災直後でも、さらには2012年末の野田政権末期でも、記録したことのないほどの低水準なのです。にもかかわらず、現政権は、この経済サプライズ

指数のマイナス１００も、２０１４年通年で日本の実質ＧＤＰ成長率がマイナスに転落したこともいっさい無視して、「株価が上がっているのだから、経済も良くなっている」という大宣伝キャンペーンをくり広げています。

アベノミクス実施後の日本の輸出実績は悲惨の一語に尽きる

安倍内閣と黒田日銀は、弁解の余地のない愚鈍な為替政策を取っています。アベノミクス＝円安政策が実施されて以来の日本の対米輸出の実績がいかにみじめだったか、ご存じでしょうか。

中国の人民元が世界34主要通貨中で２番目に割高になったのとは正反対に、日本円は最下位アルゼンチン・ペソのひとつ上、適正水準に比べて32％も割安となっています。つまり、日本は自国民の労働の成果を32％もの大幅な値引きをして販売しているのです。それなのに、輸出先の現地通貨ベースで今までどおりの売上を維持することさえできずに、毎月前年同月比で３～５％売上が減少し続けています。

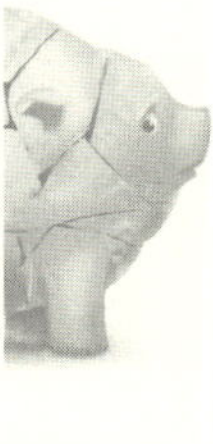

円安・インフレ政策を導入するにあたっての政府・日銀の触れこみは、「円安によって

輸出が伸びる。また、国内でも輸入品・輸入原材料の値上がりでインフレとなり、待っていればもっと高くなると思って消費者が積極的にモノを買うようになる。だから、国内景気も回復する」というものでした。

しかし、最初の一歩である「円安で輸出が伸びる」というところからして、つまずいています。いや、つまずくどころではなく、ドツボにはまってしまったと表現したほうがいいかもしれません。円安が顕在化してから、米ドルベースでのアメリカの対日輸入額は減少し続けているのです。円安政策が成功したというためには、輸出相手国の通貨ベースで輸出額が増加していなければなりません。そうでなければ、自国民の労働の成果によって諸外国のモノやサービスを買う購買力は下がってしまうからです。

それにしても、誰も得をしない国民窮乏化だけを目的としたような政策が平然と推進されてきたものです。その最たるものが、アベノミクスを支える柱の1本である、円安による輸出振興政策です。

2012年の秋ごろ、次の総選挙での自民・公明連合の大勝と、第二次安倍内閣の成立は確実視され、安倍政権の誕生とほぼ並行して、外国為替市場での円安基調が確立されました。ところが、米ドル建てで見たアメリカの対日輸入額の月次推移を追うと、皮肉なことに、このころから延々と前年同月比のマイナスを記録するようになっています。

円安による輸出振興というのは、値段を下げた分を上回るほど数量が売れることによって、輸出総額を増やすことを指しています。しかし、値段を下げてもちっとも買ってくれる量が増えないので、アメリカから稼いでくるドルの額は大幅に目減りしているのです。企業の収益は、日本円に換算しているため、円が安くなった分だけ輸出部門が成長しているように見えるだけで、日本国民が稼いできたドルの総額、つまりドルベースでみて米ドルを使うことによって買える海外の商品やサービスの量は激減し続けています。

もう少し長い射程で米ドル建てのアメリカの対日輸入総額推移をチェックすると、1990年代以降、日本経済は長い成長率鈍化に苦しんできましたが、対米輸出はほぼ一貫してプラス成長を続けてきたのです。

日本の対米輸出額がドル建てでマイナス成長に転落したのは、不動産・株バブルが崩壊した1989~90年、東アジア通貨危機の予兆とも言うべき1995~96年、ハイテク・バブルが崩壊した2001~02年、そして国際金融危機が勃発した2008~09年と、金融市場に大異変が起きたときだけでした。2011年の東日本大震災のような大きな天災が起きたときでさえ、日本のドル建て対米輸出額は伸び続けていたのです。

しかし、それがアベノミクス実施以降は様変わりしてしまいました。金融危機も自然災害もないのに、最大顧客であるアメリカへの輸出総額が減少し続けるというのは、ブラックユーモアを通り越しています。「日本円で見れば増えている」という言い訳はまったく無意味です。輸出は円評価での黒字を増やすためではなく、世界中から買うことのできる資源や商品、サービスの量を増やし、日本国民がもっと豊かな生活ができるようにすることが目的です。円安政策によって獲得できる外貨の量が減ってしまったということは、日本国民全体にとって、安売りした労働を丸損しているということなのです。

実体経済は日を追ってやせ細っている

第２次安倍内閣が発足してから、日本国民の総労働時間が前年同期比で１％を超えるプラスの伸びを示したのは、消費税の５％から８％への増税を控えて駆けこみ需要が発生した２０１４年１月だけでした。しかも、このときでさえ、経営側はまさに駆けこみ需要による一過性の伸びに過ぎないと分かっていたので、労働時間の増加の大半は不定期・非正規雇用の増加でまかない、正規勤労者の所定労働時間は小さな伸びにとどめていました。

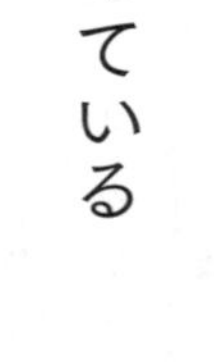

このたった1ヵ月以外は、現政権が発足以来一貫して、総労働時間数はよくてもコンマ以下のプラスで、マイナス成長の時期のほうが圧倒的に長くなっています。しかも、不定期・非正規の労働時間が絞りこまれているだけではなく、正規勤労者の所定労働時間も総労働時間と同率で下がり続けています。つまり、経営側に「この仕事量の減少は短期で回復する性質のものだから、削減しやすい不定期・非正規労働時間の短縮だけで乗り切れる」という認識がないことを示しています。

「労働生産性が画期的に向上して、今までより少ない労働時間で今までより多くのモノやサービスが生産できるようになった」というおとぎ話のようなケースは別として、総労働時間が減少しているのに、GDPは伸びているというようなことはめったにありません。これだけ長期にわたって総労働時間が減少し、しかも短期波動のたびにサイクルの底での減少率が高まっているということは、日本経済全体が縮小再生産過程に入っているということを示しているのです。

そして、総労働時間の増減は実質賃金の増減と密接に関連しています。だいたいにおいて、総労働時間が増えている時期には実質賃金も上昇し、総労働時間が減っている時期には実質賃金も下落します。

結論として、実質賃金を左右する最大の要因は総労働時間の増減だと言いきれます。円高・円安、あるいはインフレ・デフレは、国民全体にとって仕事の量が増えているか、減っているかほど重要な要因ではないのです。実際に、２０１０年は米ドルの対円レートが90円台半ばから80円を割りこむまで円高が進み、日本国内ではデフレ基調が顕著な年でした。しかし、この年を通じて総労働時間はプラスの伸びを維持し、実質賃金も１～10月まで上昇、11月が横ばいで、12月も微減で済んでいました。

黒田日銀によって「異次元緩和」が実施され始めた２０１３年4月以降は、正反対です。円安で円に換算した輸出企業の利益だけは膨れあがりましたが、実際に輸出される製品の数量は伸びていません。それ以外のすべての企業や個人世帯には、円安による輸入品の価格上昇が重くのしかかり、経済活動は委縮する一方です。まさに、円安・インフレ政策そのものが、実質賃金が下がり続けていることの最大の元凶なのです。

苦しくなる一方の個人家計

もちろん、その結果として、日本国民の生活は苦しくなっています。家計収入がゼロか

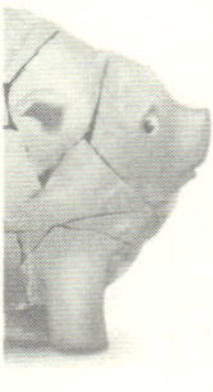

らマイナス成長の範囲にとどまる年が増えていますが、日本国民全体では生活水準を落とさないために支出はプラスの伸びを維持しようとしています。その結果、20年前には世界中の先進国で一、二を争う高さだった日本の個人家計貯蓄率は、ついに2013年にマイナスに転落しました。

しかし、貯蓄を取り崩しながら過去の生活水準を維持するという方針は、いつまでも続くものではありません。実質可処分世帯所得のマイナス成長がもう1年半以上も続いているので、一時はプラスに転じていた世帯支出のほうも、ここに来て収入の減少率に見合ったマイナス成長を記録することが多くなりました。

個人世帯の支出は、中国のような異常な国をのぞいて、まっとうな国民経済を維持している国ならどこでもGDPの60〜70%を占める最大項目です。その支出がジリ貧状態で縮小していけば、日本のGDP全体もますますひどいマイナス成長へと転落していきます。

もちろん国内の消費だって、個人世帯の実質実収入が毎月、前年同期比で減少し続けている状況下で、回復するわけがありません。日本の経済サプライズ指数が、2014年末の時点でマイナス100直前まで悪化していたことはすでに説明したとおりです。

こうして輸出も内需もジリ貧で、2014年通年の実質GDPがマイナス成長だったことでも分かるとおり、日本経済は完全に縮小再生産に陥っています。2015年3月16日付日本経済新聞に掲載されたアンケート結果にも、日本経済の展望の暗さは明瞭に表れています。「自分の賃金は来年以降も継続して上がるか?」という質問への答えは、「そう思わない」が圧倒的に多く72・8%で、「そう思う」の17・8%に4倍以上の大差をつけています。また「そう思わない」という回答への理由としては「日本の景気が良くならない」が最多で50%以上となっています。

また、日本経済新聞が2015年4月17~19日に実施した世論調査では、回答者の60%が「生活が変わらない」、37%が「悪くなった」と答え、「良くなった」と答えているのはわずか1%。

どんなときにも、冷静沈着に情勢を判断できるのはすばらしいことです。とはいえ、これだけ正確に現状を把握しているにしては、日本国民はちょっと辛抱強すぎるのではないでしょうか。この政策不況から脱却する道は、じゃぶじゃぶのマネーストック激増策である「超異次元緩和」を即刻取りやめ、インフレ率を下げ、円安から円高に転換させることです。

二律背反の任務を課される中央銀行

　考えてみれば、アメリカの連邦準備制度、ユーロ圏の欧州中央銀行、イギリスのイングランド銀行、そして日本の日本銀行といった中央銀行は、やっかいな目標と任務を押しつけられて四苦八苦しているかわいそうな存在だと見ることもできます。

　まず、インフレを維持することが至上命令です。国、一流企業、大手金融機関といった、いつでも、いくらでも、何回でも借金をすることのできる機関にとって、カネを借りているだけで元本返済負担が毎年減っていくインフレはこの世の天国です。一方、カネを借りて待っていればどんどん元本返済負担が増えるデフレは、地獄のような環境なのです。だから、国民の生活を守るために、巨大組織に不利なデフレを容認していた日銀の白川方明前総裁は、つねに批判の矢面に立たされていました。

　国、一流企業、大手金融機関という強大な利権共同体に有利なインフレという金融環境だけは、何がなんでも守り抜かなければなりません。しかしその一方で、国も一流企業も大手金融機関も、一応借金には金利を支払う必要があります。そして、名目金利はだいた

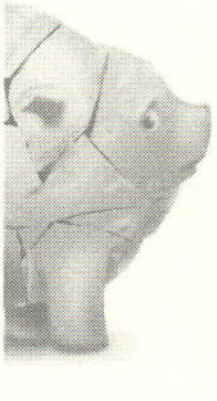

いにおいてインフレ率に対応して上下します。つまり、インフレ率が高ければ、名目金利も高くなり、インフレ率が低くなれば名目金利も低くなります。だから、むやみにインフレ率を上げたために名目金利が急上昇して、国や一流企業や大手金融機関が利払いに困るというようなことがあってもいけないわけです。

というわけで、一方でインフレ状態は維持しつつ、もう一方ではそのインフレによって名目金利が国などの債務履行能力を損なうほどには上昇しないようにという、まさに二律背反の任務を課されているのが、中央銀行です。中央銀行はこの誰がやってもうまくいきそうもない任務を遂行するために、特別な道具、あるいは武器を持っているのでしょうか。

現金と、銀行などの金融機関が中央銀行に積んでおく当座預金の合計額だけで構成されるマネタリーベースと呼ばれる数値は、中央銀行がある程度自由に操作できる道具です。しかし、実質金利がゼロとか、それ以下というような低金利の環境下では、中央銀行はそれ以外の道具をほとんど持っていないのです。だからこそ、とんでもなく非効率なマネーストックの激増といった事態が起きるわけです。

海外機関投資家の中でも、日本株のプロは2015年に入って売りに転換した

アベノミクスが成功しているというほとんど唯一の論拠は、2012年以降の日本株の値動きでした。とくに2013年には、たった1年でほぼ正確に300兆円だった日本株の時価総額が、約478兆円へと6割近く激増していました。

しかし、その株高はほぼ全面的に外国人投資家によって演出された活況であって、日本側では個人も機関投資家も売り続けていたという事実をご存じでしょうか。2013年中の3投資部門の純買い越し／売り越し額を見ると、外国人投資家が約15兆円の大幅な買い越しだったのに対し、日本の個人投資家は8兆7500億円、同じく機関投資家は4兆7600億円の売り越しでした。

ところが、2014年にはこの投資部門別の売買動向が大きく変わっています。個人投資家はやはり3兆6300億円の売り越しでしたが、機関投資家は2兆9400億円の買い越しに転じ、外人投資家は買い越しにはとどまったものの、金額的にはわずか8500億円と戦線を縮小しました。このうち、日本の機関投資家の買い越しの大部分は、下がっ

たときには必ず日銀が買い支えてくれることをあてにした、日本株上場投資信託（ETF）による他力本願の買いでした。

最近、外国人による買いの中身が分かるおもしろいデータを発見したので、そこに焦点を当ててみましょう。ETFをふくむ資金の流出入額が、その分野の時価総額の何％になっていたかを見ると、日本株ファンドが非常に荒っぽい動きになっています。とうてい先進国の株式市場とは言えないほど、その年ごとに資金の出入りが激しく、その点では、新興国ファンド以上に「未成熟」な市場と呼べるかもしれません。

具体的には、2005年には1年で時価総額の44％もの金額が流入したかと思うと、2006年にはプラスマイナス0％へと激減していました。さらに、その翌年にはマイナス27％となり、その後の2年間も10％台後半の巨額流出が続きました。それが、2013年には一挙に28％の巨額流入を記録するといった具合です。

こちらの数字だけを見ていると、日本株の「ガイジン」買いは、勢いは弱まったものの持続しているように思われます。2014年には7％の流入へと流入額が激減しましたが、2015年は最初の2ヵ月半だけで3・2％の流入となっています。年率換算すれば、外国から日本株への資金流入は、2015年に入って拡大に転じたとさえ感じます。

しかし、こうした国際株投資のさまざまな資金の中で、ETFをのぞいたファンドに投じられた資金の流出入比率をチェックすると、かなり異なった様相を呈しています。まず目立つのは、やはり日本株ファンドの資金流出入の振幅が大きい点ですが、ETF抜きのデータには、非常に顕著なマイナスのバイアスがかかっています。2007～12年には6年連続の資金流出で、しかもそのうち前半の2007～09年は20％超の大幅減が続いていました。

次に分かるのが、いわゆるアベノミクスの笛に踊ったのは、「株式一般についてはプロだが、日本株については素人だ」という自覚のあるガイジン投資家だという事実です。プロの投資家は他人に手数料を払うのが嫌なので、「日本株がいい」と思ったときにその業種や銘柄まで落としこむ知識を持っている人なら、当然ETFなどを買わずに、自分で銘柄を選んで売り買いします。

ところが、2013年のアベノミクス・ブーム絶頂期にも、ETFをふくむ日本株ファンド全体では28％の巨額流入となりましたが、ETF抜きの日本株ファンドへの流入額は11％とずっと控えめでした。さらに、2014年通年でもETF込みでは7％の増加でしたが、ETF抜きではたった1％増と、ほぼ横ばいに変わっていました。そして、201

5年年初来では、ETF込みでは3・2%増と増加基調を保っていますが、ETF抜きではマイナス0・3%に転じています。つまり、同じガイジン投資家の中でも、日本株にくわしい連中は、もう逃げ始めているということです。

「ガイジンが売りに転じても株価が好調なのは、これまでずっと売り続けてきた日本の個人投資家が買いに回ったからだろう」と思われる方もいるかもしれません。しかし、残念ながらそうではありません。2015年の1月こそ、前年12月の総選挙での自民党大勝のご祝儀もあってか、3500億円の買い越しに転じたのですが、2月には単月で1兆6500億円にものぼる巨額売り越しに再転換しています。

いまや、日本株の好調を支えているのは、日銀や年金運用法人の買いをあてこんだ日本の機関投資家の買いだけなのです。そして、歴史をふり返ると、日本ではつねに個人投資家の判断が機関投資家の判断を上回り、欧米ではつねに機関投資家の判断が個人投資家の判断を上回っていました。正しいことの多い日本の個人投資家と海外の機関投資家の意見が売りで一致したのだから、理論上は無限に資金手当てのできる日銀が買い支えても、いずれ日本株は下落に転ずる可能性が高いでしょう。

データでひもとく大富豪たちの栄枯盛衰

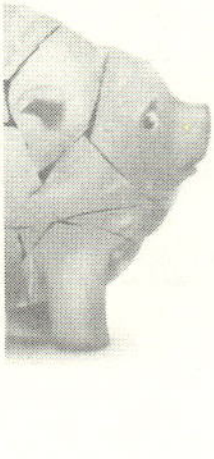

　このへんで、「アベノミクスには、ほんとうに何ひとついいところはなかったのだろうか」という質問が出てくるかもしれません。さすがにそうではありませんでした。アベノミクスは日銀、財務省ほか総出の株価上昇作戦で、実に大きな成果を達成していました。

　それは、日本基準の大金持ちを大量に、世界基準での大富豪に押し上げてやったことです。世界基準での大富豪というのは、保有する純資産が３０００万米ドル（日本円で約36億円）以上ということになっています。

　Knight Frank社という不動産調査会社の出している『The Wealth Report』で最新の２０１５年版から、２０１４年時点で大富豪が４００人以上いる国を抜き出し、過去10年間での大富豪人数の増加率順で並べた図５－３からご覧いただきましょう。

　世界中に大富豪が４００人以上いる国は42ヵ国しかありませんが、その中でアルゼンチンだけが過去10年間で１００１人から４８０人へと大富豪の人数が減少しています。あれだけ国内経済が八方ふさがりになると、大富豪から並みの金持ちに転落するケースもあり、

図5-3　2004～14年の世界各国大富豪*の人数増加率ランキング

順位	国名	2004年の人数	2014年の人数	増加率
1	シンガポール	300	3,227	975.7%
2	南アフリカ	300	1,622	440.7%
3	オランダ	577	2,826	389.8%
4	中国	1,721	8,366	386.1%
5	ロシア	279	1,303	367.0%
6	ブラジル	1,146	4,218	268.1%
7	コロンビア	131	446	240.5%
8	インドネシア	195	650	233.3%
9	チリ	219	687	213.7%
10	オーストラリア	1,001	2,785	178.2%
11	インド	622	1,652	165.6%
12	クウェート	203	513	152.7%
13	タイ	218	540	147.7%
14	マレーシア	242	572	136.4%
15	トルコ	866	1,986	129.3%
16	サウジアラビア	382	874	128.8%
17	アラブ首長国連邦	317	658	107.6%
18	ノルウェー	1,238	2,521	103.6%
19	カナダ	2,275	4,341	90.8%
20	ニュージーランド	577	1,094	89.6%
21	スイス	2,479	4,328	74.6%
22	韓国	946	1,622	71.5%
23	ルクセンブルク	354	599	69.2%
24	台湾	933	1,570	68.3%
25	香港	1,706	2,690	57.7%
26	メキシコ	1,687	2,596	53.9%
27	オーストリア	953	1,460	53.2%
28	フィンランド	288	426	47.9%
29	ベルギー	955	1,402	46.8%
30	ドイツ	8,126	11,679	43.7%
31	デンマーク	709	1,019	43.7%
32	フランス	2,774	3,865	39.3%
33	スペイン	2,556	3,538	38.4%
34	日本	12,186	16,703	37.1%
35	アメリカ	30,503	40,581	33.0%
36	スウェーデン	2,479	3,245	30.9%
37	ポルトガル	485	625	28.9%
38	イタリア	2,936	3,717	26.6%
39	イギリス	8,341	10,547	26.4%
40	ギリシャ	573	717	25.1%
41	アイルランド	714	825	15.5%
42	アルゼンチン	1,001	480	−52.0%

注：2014年時点で(純資産3000万ドル以上の)大富豪が400人以上いた国を増加率順にリストアップした。

（出所）Knight Frank社、『The Wealth Report 2015』より作成

大富豪が国外に移住するケースも多くなるのでしょう。また、ベネズエラは2004年には644人いた大富豪が、2014年には192人と3分の1未満に激減し、この表から脱落しています。

この表を一目見ただけで分かることがあります。それは、類は友を呼ぶというか、同病あい憐れむというか、ウォール街の中でも強欲資本主義の総本山の地位を自他ともに認めるゴールドマン・サックスがBRICs（エスを大文字でBRICSと書けば、南アフリカを入れた5ヵ国、小文字ならブラジル、ロシア、インド、中国の4ヵ国）の経済を強力に推奨した方針の的確さです。ゴールドマン・サックスのような企業にとって、国民経済の価値はどれだけ大富豪を大量生産することができるかで決まるのです。その陰で、一般国民はインフレと低賃金に挟撃されて食うや食わずの生活をしていようと、そんなことは知ったことではありません。大富豪を量産できる経済が、良い経済なのです。

次に分かることは、2004〜14年という期間の大部分で中国の資源浪費バブルが膨張し続けていたこともあって、大富豪の増加率が高い国の大半が資源国だったという事実です。上位21ヵ国が並んだこの表の上半分は、1位シンガポール、3位オランダ、11位インド、21位スイスをのぞけば、すべて資源国となっていました。

わざわざ過去形で書いたのは、もちろん今後20~30年にわたって、これら資源国が中国資源浪費バブル崩壊の影響をもろに受けて、悲惨な経済収縮と長い低迷を余儀なくされるだろうと見ているからです。北欧の高福祉国の中で、唯一ノルウェーが18位という高位に付け、大富豪の人数がほぼ正確に2倍になっているのも、ノルウェーが北海油田資源をイギリスと分け合うヨーロッパ有数の資源国だからです。

また、ヨーロッパ諸国ではオランダ、スイス、ルクセンブルクといった金融業への傾斜を高めている国で、大富豪数が顕著に増えています。アメリカの例でも見てきたとおり、金融業の肥大化はほぼ確実に、国民一般が享受すべき労働生産性の向上を、GDPに占める資本分配率の上昇によって、金融業を始めとする企業側が奪い取ってしまうことになります。この肥大化が国民経済の中で行なわれずに、海外からの資金の導入や海外への投融資の拡大として実現すると、金融肥大化と国民窮乏の直接の因果関係は見えにくくなってしまいます。しかし、それは見えにくくなるだけであって、因果関係が厳然として存在するという事実は変わりません。

日本の大富豪がここ最近増加したことの意味

さて、図5－3では日本の大富豪の人数が37％増で34位、アメリカの大富豪の人数が33％増で35位と並んでいます。一見、日本の予想外の「健闘」とアメリカの意外な不振という構図になっていますが、そこにいたる過程では、最初の8年間である2004～12年と、最後の2年間である2012～14年のあいだに、あっと驚く大逆転があったのです。図5－4が、その劇的な転換を示しています。

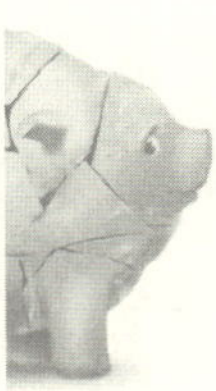

今度は、大富豪人数の多いほうから42カ国を並べた表です。なんと言っても、地上最大の大富豪集積地はアメリカですが、2012～14年の2年間に大富豪の人数が6万657人から4万581人へとほぼ3分の1も減少しています。この2年間に大富豪の人数が減少した国は太字で表していますが、中でもアメリカ、ドイツ、中国、カナダ、スイス、香港、メキシコ、サウジアラビア、インドネシア、アルゼンチンといった国々は2012年の時点で1000人以上いた大富豪の人数が2ケタ％の減少を示していました。

逆に、この2年間のうちに人数ベースで約4000人という最大の増加を示し、増加率

図5-4　大富豪人数順ランキングで見る、直近2年間の増減

順位	国名	2012年の人数	2014年の人数	増加率
1	アメリカ	60,657	40,581	−33.1%
2	日本	12,688	16,703	31.6%
3	ドイツ	16,192	11,679	−27.9%
4	イギリス	10,303	10,547	2.4%
5	中国	10,849	8,366	−22.9%
6	カナダ	4,922	4,341	−11.8%
7	スイス	5,657	4,328	−23.5%
8	ブラジル	4,618	4,218	−8.7%
9	フランス	4,074	3,865	−5.1%
10	イタリア	1,892	3,717	96.5%
11	スペイン	1,441	3,538	145.5%
12	スウェーデン	990	3,245	227.8%
13	シンガポール	1,343	3,227	140.3%
14	オランダ	1,181	2,826	139.3%
15	オーストラリア	1,432	2,785	94.5%
16	香港	3,206	2,690	−16.1%
17	メキシコ	3,373	2,596	−23.0%
18	ノルウェー	1,397	2,521	80.5%
19	トルコ	936	1,986	112.2%
20	インド*	1,576	1,652	4.8%
21	南アフリカ	828	1,622	95.9%
22	韓国	1,412	1,622	14.9%
23	台湾	1,181	1,570	32.9%
24	オーストリア	539	1,460	170.9%
25	ベルギー	750	1,402	86.9%
26	ロシア	1,123	1,303	16.0%
27	ニュージーランド	500	1,094	118.8%
28	デンマーク	706	1,019	44.3%
29	サウジアラビア	1,289	874	−32.2%
30	アイルランド	554	825	48.9%
31	ギリシャ	441	717	62.6%
32	チリ	549	687	25.1%
33	アラブ首長国連邦	658	828	25.8%
34	インドネシア	1,029	650	−36.8%
35	ポルトガル	735	625	−15.0%
36	ルクセンブルク	不明	599	不明
37	マレーシア	828	572	−30.9%
38	タイ	681	540	−20.7%
39	クウェート	不明	513	不明
40	アルゼンチン	1,000	480	−52.0%
41	コロンビア	740	446	−39.7%
42	フィンランド	412	426	3.4%

＊ インドだけは、2012年の数値が8,481人と、2004年や2014年の数値とかけ離れており、誤記と思われる。だが確認できないので、2012年の代わりに2013年の数値で変化率を算出した。

（出所）Knight Frank社、『The Wealth Report 2015』、『The Wealth Report 2013』より作成

でも31・6％とかなり高かったのが、なんと日本でした。この事実を見ると、安倍政権および黒田日銀の政策には、ある意図が隠されているという推測が成り立ちます。

それは、この間の日本株の急上昇でちゃんと利益を得ていた人たちもいるということです。株式市場における投資主体別売買動向を見ると、２０１３～14年では外国人投資家が買い、日本の個人投資家は売りというスタンスだったことが確認できます。しかし、これはあくまでも、全体としてそうなっていたということでした。

日本の金持ちにも利にさとい人たちはいます。彼らはそうとう早くから、日銀は直接日本株ＥＴＦを買ってでも、とにかく株価を上げ、金融市場の「活況」を演出するつもりだと分かっていたに違いありません。アベノミクス実施直後に日経平均がまだ７０００～８０００円台からやっと動意づいた時期に、ほとんどの個人投資家が「やれやれ」と売り抜けていた中で、着実に買い上がってきた人もいるようです。

２００４～12年の8年間では、日本の大富豪の人数は１万２１８６人から１万２６８８人へとほぼ完全な横ばいでした。それが直近の2年間だけで32％も増えています。これは、明白な政治的意図があってやったとしか思えません。

また、ユーロ圏のいわゆるＰＩＩＧＳ（ポルトガル、イタリア、アイルランド、ギリシャ、スペイン）の5ヵ国のうち、2012〜14年で大富豪の人数が減ったのは15・0％減少のポルトガルだけで、ほかの4ヵ国ではかなり増えています。とくに、146％増のスペイン、97％増のイタリアは増加率が高い。金融危機は安定した資産を持っている連中にとっては、もうけどき、稼ぎどきなのです。ふつうの経済環境では絶対市場に出てこないような高収益資産が、せっぱ詰まった持ち主によって捨て値で処分されることが多いからです。

反面、日本やユーロ圏と同じような中央銀行による金融市場の買い支えがあったアメリカで、大富豪人数が6万人から4万人へ激減したことも、示唆に富んでいます。「政府・中央銀行が買い支えるから、金融市場は万年ブル相場」というのは、運用をする立場の人間にとってはあまりにもおいし過ぎる話です。どこかに落とし穴があるに違いないと勘繰るのがふつうでしょう。だからこそ、アメリカの大富豪の多くがかなり巨額の資金を投入し、ヘッジファンドによるカラ売りに乗って、大損をしたのではないでしょうか。

その点、経済覇権国としてアメリカの先代であり、かれこれ200年、おそらく6〜7代にわたって資産運用で優雅に暮らすすべを身につけてきたイギリスはしぶといと言えます。日本の大富豪候補たちのように国策に乗って大儲けをしたわけでも、アメリカの同類たちのようにカラ売りを仕掛けて大損をしたわけでもありませんでした。2004年の8

３４１人から、２０１２年の１万３０３人へ、そして２０１４年の１万５４７人へと淡々とした伸びを維持しています。「お国のおっしゃることなら、素直について行きましょう」というほど愚鈍でもなければ、「これは異常事態だからすぐこける」と早まった判断をして理に溺れもしなかった。さすが、年季の入った資金運用大国です。

超富豪の少なさが示す日本経済の健全さ

ここで、大富豪よりさらに一段上の保有純資産総額10億ドル（１２００億円）以上の超富豪クラスまで射程に入れると、しみじみ日本という国の良さが分かってきます。

図５－５の足切り線は、超富豪人数が20人以上なので、世界でたった22ヵ国と大富豪国リストの約半分に絞りこまれます。また、のちほど理由を説明しますが、ランキングは、大富豪人数に対する超富豪人数の比率が高い順にしました。

この表での上位陣の顔ぶれは一変します。大富豪人数では、１～４位をアメリカ、日本、ドイツ、イギリスの先進国が独占していました。一方、超富豪人数のほうは、１位は５１５人を擁するアメリカで変わりませんが、２位は１８４人の中国、３位が１１７人のロシ

図5-5　超富豪*20人以上の国の、超富豪/大富豪比率ランキング

順位	国名	2014年の超富豪人数	2004年の超富豪人数	10年間の変化率	2014年の大富豪人数	超富豪／大富豪比率	大富豪1万人当り超富豪人数
1	ロシア	117	26	350.0%	1,303	8.98%	898
2	インド	68	26	161.5%	1,652	4.12%	412
3	インドネシア	24	7	242.9%	650	3.69%	369
4	サウジアラビア	23	10	130.0%	874	2.63%	263
5	台湾	36	22	63.6%	1,570	2.29%	229
6	中国	184	39	371.8%	8,366	2.20%	220
7	香港	53	34	55.9%	2,690	1.97%	197
8	トルコ	36	16	125.0%	1,986	1.81%	181
9	スイス	77	45	71.1%	4,328	1.78%	178
10	韓国	28	17	64.7%	1,622	1.73%	173
11	アメリカ	515	392	31.4%	40,581	1.27%	127
12	オーストラリア	30	11	172.7%	2,785	1.08%	108
13	ブラジル	44	12	266.7%	4,218	1.04%	104
14	フランス	39	28	39.3%	3,865	1.01%	101
15	カナダ	38	20	90.0%	4,341	0.88%	88
16	メキシコ	21	14	50.0%	2,596	0.81%	81
17	イギリス	81	65	24.6%	10,547	0.77%	77
18	シンガポール	24	11	118.2%	3,227	0.74%	74
19	イタリア	26	21	23.8%	3,717	0.70%	70
20	スペイン	22	18	22.2%	3,538	0.62%	62
21	ドイツ	70	49	42.9%	11,679	0.60%	60
22	日本	26	19	36.8%	16,703	0.16%	16

注：2014年時点で（純資産10億ドル以上の）超富豪が20人以上いた国を、超富豪／大富豪比率順にリストアップした。（出所）Knight Frank社、『The Wealth Report 2015』より作成

ア、そこからかなり離されたた4位にかろうじて81人のイギリスがすべりこんでいます。

大富豪人数ではアメリカに次ぐ2位で1万6703人だった日本は、超富豪人数ではわずか26人で、イタリアと同率の16位にまで転落してしまいます。大富豪の人数で見れば日本の約10分の1の1622人で22位だった韓国のほうが、超富豪の人数は28人で15位と、日本より上です。

要するに、日本は同じ人数の大富豪の中から超富豪を生み出す変換効率が非常に悪いのです。首位のロシアでは、大富豪のうち約９％が超富豪になっていますが、日本ではわずか０・16％と、22ヵ国中でぶっちぎりの最下位です。日本のすぐ上に位置する21位のドイツでも０・60％ですから、この差は大きいでしょう。

この表で言えば、１位のロシアから14位のフランスまでの、大富豪から超富豪への変換効率が１％を超えている国は、どんなに表面を取り繕っても、資産格差が激しく不平等性の高い国だという印象が強くなります。そしてこれは、たんなる道義的、倫理的不快感の問題ではなく、国民経済全体がなるべく高い成長性を維持しようとする場合、逆におそろしく効率の悪い状態です。

世界中どこでも、貧乏人の消費性向は高く、金持ちの消費性向は低いものです。そして、金持ちもある一定のラインを越えれば、自分が消費に遣える金額は、資産規模の大小にさほど影響されなくなります。36億円の資産を持つ大富豪と１２００億円の資産を持つ超富豪では、年間に個人消費で遣いきれる金額は大して変わらないのではないでしょうか。

また、36億円程度の資産であれば、孫かひ孫の代までぜいたくな暮らしができるように、といった具体的な目標を持って資産を蓄積しているかもしれません。しかし、１２００億円の資産となると、当人はそれなりの理由があって蓄積しているつもりでも、実態としては自己増殖する資産にアゴで使われている、つまり価値としての資本が大きな利益を出し、その利益を組み入れ、一層大きくなるという目的を貫徹するために使役されているだけという状態なのではないでしょうか。

重化学工業が華やかなりしころ、すなわち生産過程大規模化のための設備投資競争の時代には、大富豪や超富豪の貯蓄性向の高さにもそれなりの積極的な意義がありました。しかし、サービス業の比重の高い現代先進国経済では、経済成長の原動力は強蓄積＝高投資よりも、国民がプチぜいたくを楽しめる余裕のある生活をしているかが重要です。

一握りの大富豪、超富豪に資産が集中すればするほど、中間層以下の人間にはプチぜいたくの余裕がなくなっていきます。その惨状は、アメリカの個人世帯の純資産総額のうち85％を上から20％が保有し、下から60％の資産を合計してもたった4・3％にしかならないという資産構成比が露骨に表しています。

そんな殺伐とした世界に比べて、日本の良さはたとえ法律や制度で支援しても、金持ち自身がおっとり鈍重に育った人が多くて、なかなかその支援を活かしきれないという点にあります。だから、なかなか所得や資産の不平等化が進まないのです。図5－6のグラフ

図5-6　日本の超富豪はおっとり鈍重

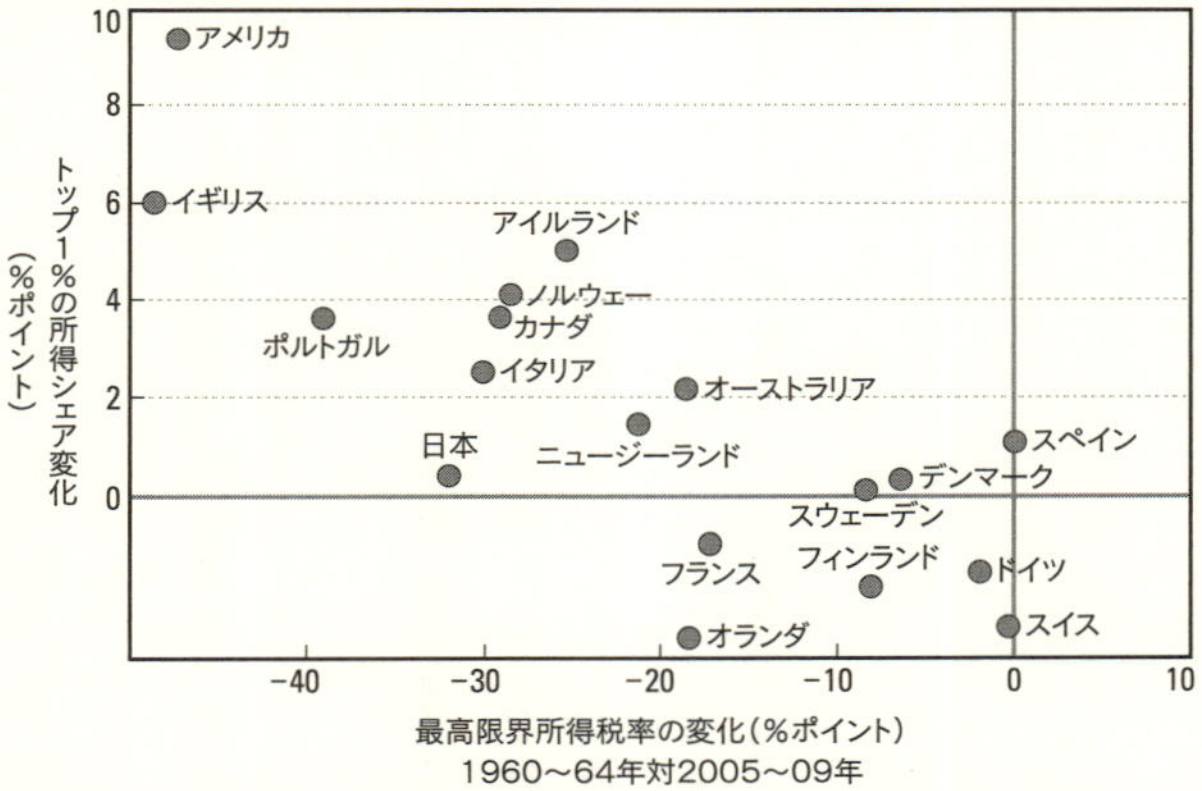

（出所）Thomas Piketty and Emmanuel Saez、『Top Incomes and the Great Recession: Recent Evolutions and Policy Implications』（2012年11月8～9日開催のIMFカンファレンスにて発表された論文）より引用

がその典型的な事例を示しています。

金持ち優遇という風潮が蔓延する中で、世界中で個人所得税の最高限界税率が大幅に軽減されました。このグラフは最高限界税率の軽減幅と、所得トップ1%の人の、総所得に占めるシェアの変動の相関性を示したものです。アメリカやイギリスでは、最高限界税率が50%近く引き下げられ、その結果アメリカでは所得トップ1%のシェアが9%ポイント超上がり、イギリスでも約6ポイント上がりました。最高限界税率の削減率が40%近かったポルトガルでも、所得トップ1%のシェアは4ポイント近く上がっていました。

ところが日本だけは、最高限界税率は30％以上削減されたのに、トップ1％の所得シェアは1ポイントも上がりませんでした。これほど機を見るに鈍な金持ちばかりが揃っている国も珍しいですが、この大金持ち層の愚鈍さこそ、日本が平和で豊かで、成長率も高いサービス産業主体の国民経済を築く上で、必須不可欠の土台となるでしょう。

愚鈍だろうとなんだろうと、政府のお達しどおりに日本株を買っていれば、並みの金持ちは大富豪に、そして大富豪は超富豪に成り上がる世の中が長続きすると、日本の順風美俗である所得格差、資産格差の小さな経済という特徴はぶち壊されてしまうかもしれません。だからこそ、世界中の財務省・大蔵省と中央銀行が結託し、株価を上げるために金融市場にカネをばら撒くような社会をやめ、一刻も早くまっとうな経済論理、市場の原理が素直に通る、経済が冷えこめば金融資産の価格も下がる世の中へと戻してやらなければならないのです。

第6章

日本経済が今後
その隠れた実力を発揮する方法

借金漬けの経済「成長」の経路が2007年を境にガラッと変わった

世界経済を見わたすと、借金漬けの経済成長の経路は、2007〜08年に勃発し2009年にどん底に達した国際金融危機を境にガラッと変わってしまいました。この危機前と危機後では、いちばん積極的に債務を拡大している主役が完全に交代しているのです。

2000〜07年では、債務急拡大の主役は年率9・4％増の金融業界で、これに8・5％増の個人家計が続きます。このとき、政府部門の5・8％増と金融をのぞく民間企業の5・7％増は、むしろ控えめな数字です。ただ、控えめと言っても、民間企業と政府の債務増加率がほぼ同一なのは、実は政府にとってはかなり危険な水準でした。

言うまでもなく、民間企業は利益を稼ぐために運営されています。当時のインフレ率がだいたい2〜3％として、実質企業収益が年間で3〜5％は伸びるとすれば、年率5・7％の債務増加というのは、年を追って借金の負担が重くなるという水準ではありません。横ばいか、やや減少というペースだったはずです。

しかし、地方自治体をふくむ政府部門となると、まったく話は違ってきます。政府は、

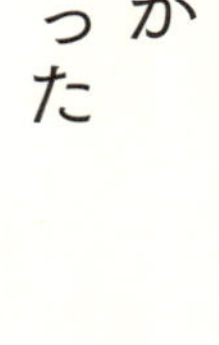

収益を得るために存在する組織ではありません。遂行している業務の大部分は赤字が出なければいい、いやたとえ赤字が出ても国民のためには公共部門がやったほうがいいというタイプの仕事なのです。こういう性格の組織が、年率で5・8％もの勢いで借金を増やしていたら、いずれはとんでもない重税を国民から徴収するか、破綻するかの選択を迫られることになります。その意味で、2000〜07年の年率5・8％増でさえ、政府部門にとっては持続できるわけがない負担の拡大でした。

これが、危機後の2007〜14年では、金融業が年率9・4％増から2・9％増へ、また個人家計も8・5％増から2・8増％へと大減速した反面、政府部門の総債務は5・8％増から9・3％増へと加速しています。この年率9・3％という債務の急増は、2007年にはまだ69％にとどまっていた政府部門総債務の対世界総GDP比率を、104％に押し上げてしまいました。これは、たとえば2年間で完済しようと借金返済のためだけに徴収する税額が、危機前はGDPの35％で済んでいたのが、危機後には52％に上がったということです。

もちろん、実際には国債というかたちで政府にカネを貸し続け、そこから安定した金利収入を得たいという人や企業もありますから、完済が必須ではありません。あくまでも、完済しようとしたらそれだけの負担になるということです。そして、国や自治体が借金を減らすために営利事業を推進する余地は非常に限られているので、ここまで拡大してしまった借金の負担軽減には、ほとんど役に立たないでしょう。

もっと問題なのは、この政府部門の債務膨張が、金融業界の債務を肩代わりするかたちで進んでいることです。日本やヨーロッパの銀行業界はそこまで機敏に動いていませんが、アメリカの大手銀行は確実に、あまりバランスシートを膨らませずに、今まで以上に巨額の収益を得るというビジネスモデルに転換しています。借金とその借金によって獲得した資産を抱え続けることのリスクは政府に背負わせて、自分たちはデリバティブや手数料といった、投下資金に対する収益性の非常に高い分野でもうけているわけです。

資産や債務の負担は政府に押しつけて、金融業界は身軽に稼ぐビジネスモデルのどこが悪いかというと、政府は民間企業ほど簡単に破綻できないということです。もうずいぶん形骸化してきたとは言うものの、民間企業としての巨大金融機関は、せっぱ詰まれば破綻を容認することによって危機の局地化が可能です。実際に、2007~09年の危機ではベアー・スターンズとリーマン・ブラザーズが破綻することによって、全面的な国際金融危機に発展するのを防ぐことができました。

ところが、国家は当事者が破綻させまいと思えば、かなり長期的に持ちこたえることができます。とくに、なんの実体価値の根拠もなく、中央銀行の口約束だけでいくらでも紙幣を増刷することが可能な現代の不換紙幣制度のもとでは、理論上は永遠に破綻することなく借金経営を拡大し続けることができます。しかも、むずかしいテクニックが必要なわけでもありません。中央銀行が増刷した紙幣で政府の発行した国債を買い、満期まで持ち続け、満期になっても政府が償還資金を持っていなければ、また増刷した紙幣で借り換えのために増発した国債を買ってやれば、それで済むのです。

国民は、こんなにじゃぶじゃぶのマネーストック増大が延々と続けば、いつかは諸物価が高騰するに違いないと思い、少しでも早く紙幣をモノやサービスに変えてしまおうとするでしょう。その瞬間に、インフレ率が加速し、途中停車なしでハイパーインフレまで突っ走ることになります。しかも、その手前で政策転換をしようとすることは、借金の山が拡大するにつれてむずかしくなるのです。世界は今、この途中下車もUターンもできない一方通行レーンに入りこんでしまったのではないでしょうか。

サービス業の時代である21世紀に、経済のグローバル化はない

そこから抜け出す道は、どこにあるのか。一見迂遠かもしれませんが、国民全体が勤労倫理を持ち続け、地道に日常的な努力の積み重ねで、自分たちがつくる製品や提供するサービスの質を向上させようとする日本型経済を再確立することでしょう。

日本の労働生産性は、２００２年ごろまでは比較的高水準で横ばいから微増という推移だったのに、２００３～05年にかけて急落し、結局今もなお底ばい状態から抜け出せずにいます。この２００３～05年は、表面的にはアメリカのハイテク・バブル崩壊直後という以外、あまり大きな経済ニュースのなかった時期でした。しかし、この頃から急速に膨張を始めた中国の資源浪費バブルのために、あらゆる天然資源の価格が高騰し、フルライン製造業を守り抜いている日本にとっては、交易条件が急激に悪化した時期でもありました。交易条件というのは、輸出の平均価格を輸入の平均価格で割った比率のことです。

当時の日本経済には、あまり輸出が落ちこんだ形跡はありませんでしたが、その反面、輸入品を扱うサービスがかなり冷えこんだのでしょう。日本の場合、飲食店は卸小売では

なくサービス業にふくまれているので、食材価格の高騰が業界全体の付加価値を圧縮し、労働生産性も低下させた可能性が高いのです。そして、そのしわ寄せが今にいたるまで続いているのかもしれません。

一種の救いと言えるのは、労働生産性を上げるために露骨な人減らしを平然とやってのけるアメリカ経済でさえ、サービス部門は慢性的な低成長が続いていることです。つまり、ここで日本経済が2002年以前のペースを取り戻せれば、先進諸国間でも優位に立てる展望が開けます。

日本の第三次産業に、持続的に高収益を維持できるビジネスモデルがあるのは明らかです。サブセクターごとに業務内容が違うので単純な一般化はできませんが、他の分野でも応用できそうな事例がゴロゴロしているのです。

ひとつ具体例を挙げておきましょう。ファミレス価格できちんとしたイタリアンが食べられ、イタリアの産地で買い付けて直送しているのでフレッシュでさらにお得感の高いワインが呑めるサイゼリヤです。

まず、きちんとした収益を確保しているのかということが肝心ですが、従業員1人当たりの労働生産性はほぼ毎年600万円台を確保していて、飲食店チェーン一般の300〜

400万円台に差を付けた高収益経営です。「なんだ、1人当たり600万円程度か」とバカにしてはいけません。調査対象期間の2006～13年度のデータでは、天下の日立製作所も同じように600万円台で推移していたのです。しかも、けちけち人件費を削るのではなく、なるべく食材の温度が最適に保てるセントラルキッチンに下ごしらえを集中しながら、きちんと調理するというしっかりした経営をしています。

今、日本の小売・飲食店業界には「円安で原材料費が高騰しているのだから、値上げは当然」という風潮が蔓延しています。そうした風潮に抗して、消費増税後も税込み価格を据え置いて実質値下げとしながら、2015年の8月に〆る通期決算ではちゃんと増収増益を達成しそうなのも、好感が持てます。

それに、全店舗ではありませんが、高級ワインを割安に呑めるなかなか隅に置けないワインリストを用意しています。しかも、メニューのワイン欄にさりげなく「この他にもワインをご用意しております。詳しくはスタッフまで。」との但し書きがついた店だけに限定したサービスだというところが、遊び心があっていいじゃありませんか。

禁酒法時代のアメリカで、なじみ客だけにご禁制の酒を出すレストランに入ったような秘密めいた雰囲気もあります。ワインの味の分かる女性を誘っておいて、行先を聞いてちょっとがっかりしたところに、このリストからすばらしいワインを選んで、見直されて男を上げるといった効果も期待できるかもしれません。

とにかくサービス業にはお遊び感覚が不可欠です。その点、国内だけでも１０００店舗を超え、海外をふくめると１３００店舗近い大所帯になっていながら、こうした遊び心ある経営を貫いているのは立派ではないでしょうか。

さて、全産業の雇用人口全体を非貿易部門と貿易部門に分けた分析に目を転じると、実に雇用人口の6割が貿易になじまない分野で働いているという、単純明快な事実が判明します。「グローバル化する世界では、国民すべてが少なくともひとつは国際語を話せなければならない」などという主張がいかに根拠がないかが分かります。

日本の未来は全要素生産性の高い伸び率にある

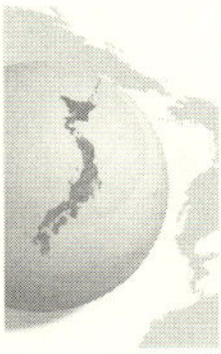

国民経済の成長を示す非常に的確な指標のひとつが、「全要素生産性」です。全要素生産性とは、経済過程で投入される労働と資本の量と質を一定と仮定した上で、時代を追って伸びていく生産物の量を測る指標で、技術進歩や社会全体の発展を反映すると言われてい

ます。

図6－1のグラフでお分かりいただけるように、労働生産性ではあまりパッとしない日本も、全要素生産性ではなかなか健闘しています。

2009～12年の平均上昇率で言うと、中進国から先進国への途上にある韓国が2・4%でトップですが、これは中国資源浪費経済の恩恵を受けた追い風参考記録であって、遠からぬ将来、失速する危険が多分にあります。2位が1・8%のデンマーク、3位が正確には1・61%のスウェーデンで、4位が1・60%の日本となっています。5位のアイルランドは、法人税の引き下げで海外から一流企業、大手金融機関を誘致したことによる上げ底部分が非常に大きいと言えます。最近では、外資系企業に勤める一部の高給取りガイジン勤労者の消費に引きずられ、国民の所得は伸びないのに物価ばかり上がって不満が高まっています。

また、産業構造的には、韓国は1997～98年の東アジア通貨危機に際して、少なくとも金融・経済政策ではIMFの統治下に置かれて以来、各産業大手の極端なガリバー化によって最大限規模の利益を追求する方針を続けています。デンマーク、スウェーデン、アイルランドには、フルラインの産業構造を持たずに、得意分野に特化しやすい小国の利点

図6-1　OECD主要国の全要素生産性上昇率（2009〜12年平均）

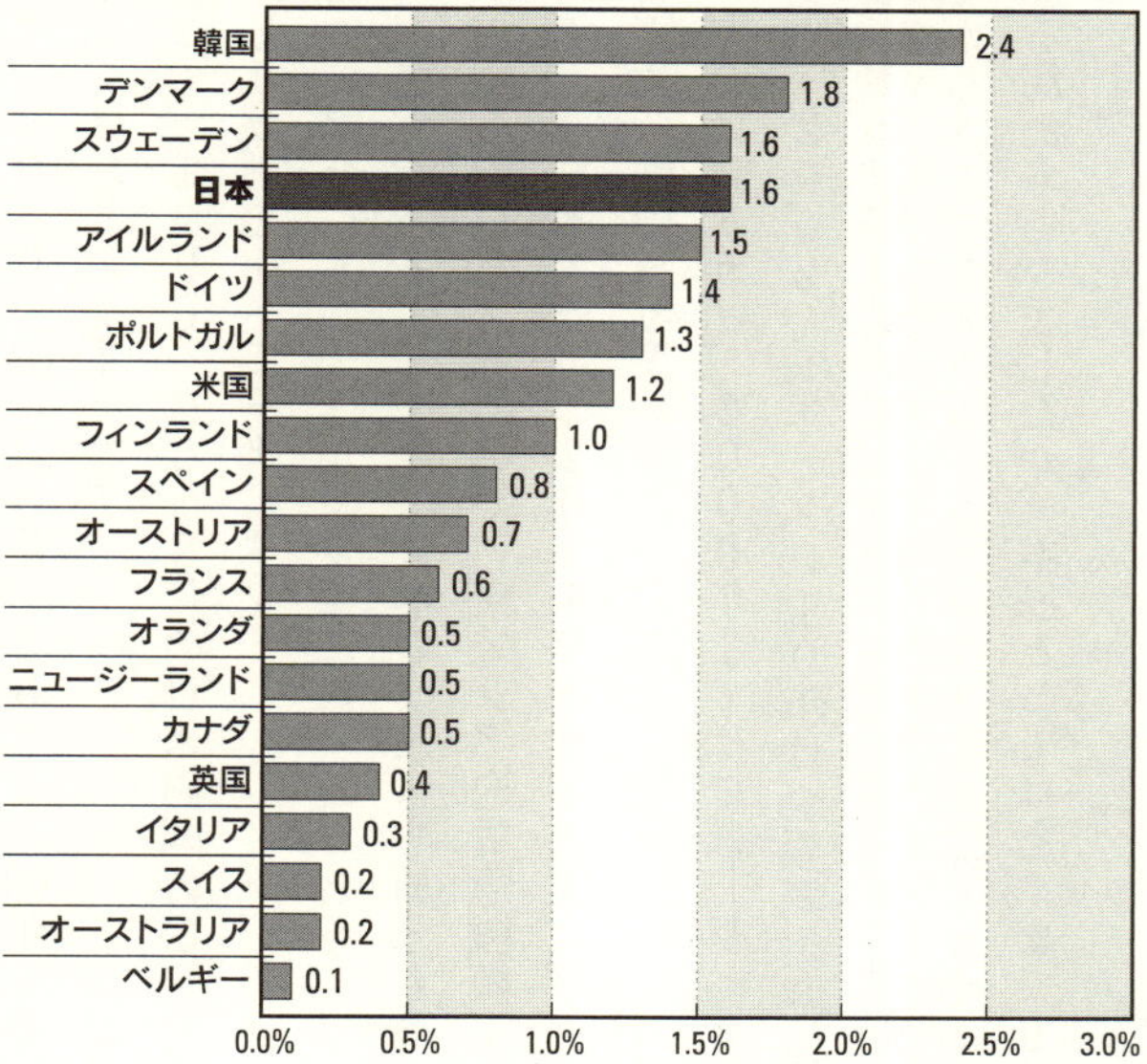

（出所）生産性本部『日本の生産性の動向　2014年版』より引用

があります。したがって、フルラインの産業構造を持った先進諸国の中では、日本がいちばん全要素生産性の高い国なのです。

次の表には、この全要素生産性の成長率における日本の順位が、1990年代以来どう変化してきたかが集計されています。

1990年代は前半が17位、後半が16位と「失われた10年」と呼ぶほかない実績でしたが、21世紀に入ってから急速に回復していたことが分かまります。2000～04年は8位、2005～09年も8位、そして2009～12年はすでにくわしく見たとおり4位です。

ここで、1996～2012年の日米両国のGDP成長率と、その中で全要素生産性が果たした役割を比べてみましょう。

日本の場合、人口全体が減少期に入ったこともあって、労働の投入量は減少していた年が多くなっています。また、資本の投入量増加分もめったにGDP1%分を超えることはありませんでした。その中で、東アジア通貨危機の1998年、国際金融危機の2008～09年、東日本大震災の2011年以外は確実にプラスの実質成長を維持できていたのは、全要素生産性の貢献度が高かったからです。

一方でアメリカは、2000年まではほぼ一貫して労働・資本の投入量拡大への依存度が高く、2002～04年と2010年は全要素生産性への依存度が高くなっていますが、2011年以降は量的拡大志向に戻っています。結局のところ、ハイテク・バブルが崩壊してからサブプライムローン・バブルが花開くまでの「幕間狂言」としては全要素生産性に頼る局面もありましたが、本筋としてはあくまでも労働や資本の投入量拡大に頼る経済なのです。

図6-2　OECD加盟主要国の全要素生産性上昇率推移（1990～2012年）

	1990～94年平均		1995～99年平均		2000～04年平均		2005～09年平均	
国名	順位	成長率	順位	成長率	順位	成長率	順位	成長率
韓国	1	3.8%	2	3.8%	1	2.8%	1	2.6%
デンマーク	6	1.6%	20	−0.2%	17	0.0%	17	0.0%
スウェーデン	15	0.8%	5	1.5%	2	2.1%	2	2.1%
日本	17	0.5%	16	0.4%	8	1.0%	8	1.0%
アイルランド	2	3.1%	1	5.2%	3	1.9%	3	1.9%
ドイツ	9	1.3%	11	1.0%	9	0.7%	9	0.7%
ポルトガル	20	−2.8%	10	1.0%	20	−0.6%	20	−0.6%
アメリカ	13	0.9%	7	1.4%	5	1.8%	5	1.8%
フィンランド	7	1.6%	3	2.5%	4	1.9%	4	1.9%
スペイン	10	1.1%	19	−0.1%	18	−0.1%	18	−0.1%
オーストリア	5	1.8%	9	1.2%	13	0.4%	13	0.4%
フランス	14	0.9%	14	0.9%	10	0.6%	10	0.6%
オランダ	18	0.2%	13	0.9%	14	0.4%	14	0.4%
ニュージーランド	12	0.9%	6	1.5%	11	0.6%	11	0.6%
カナダ	16	0.7%	12	1.0%	15	0.3%	15	0.3%
イギリス	3	2.2%	8	1.4%	6	1.7%	6	1.7%
イタリア	11	1.0%	18	0.0%	19	−0.5%	19	−0.5%
スイス	19	−1.1%	17	0.4%	16	0.1%	16	0.1%
オーストラリア	8	1.4%	4	2.0%	7	1.8%	7	1.1%
ベルギー	4	2.0%	15	0.8%	12	0.5%	12	0.5%

	2010年単年		2011年単年		2012年単年		2009～12年平均	
国名	順位	成長率	順位	成長率	順位*	成長率	順位	成長率
韓国	1	5.6%	1	4.6%	15	−2.8%	1	2.4%
デンマーク	4	3.6%	16	0.0%	未集計		2	1.8%
スウェーデン	3	3.9%	10	0.4%	6	0.4%	3	1.6%
日本	2	4.0%	17	−0.1%	4	0.9%	4	1.6%
アイルランド	10	1.6%	2	2.9%	10	−0.1%	5	1.5%
ドイツ	8	2.1%	3	1.9%	7	0.3%	6	1.4%
ポルトガル	6	2.5%	14	0.1%	未集計		7	1.3%
アメリカ	7	2.3%	11	0.3%	5	0.9%	8	1.2%
フィンランド	5	2.9%	4	1.5%	14	−1.4%	9	1.0%
スペイン	18	0.5%	8	0.5%	2	1.3%	10	0.8%
オーストリア	11	1.4%	9	0.4%	8	0.2%	11	0.7%
フランス	16	0.9%	5	1.0%	9	−0.1%	12	0.6%
オランダ	12	1.4%	19	−0.3%	未集計		13	0.5%
ニュージーランド	20	−1.4%	12	0.2%	1	2.8%	14	0.5%
カナダ	14	1.2%	7	0.6%	11	−0.3%	15	0.5%
イギリス	17	0.7%	15	0.1%	未集計		16	0.4%
イタリア	9	2.0%	13	0.1%	13	−1.3%	17	0.3%
スイス	15	1.2%	20	−0.7%	未集計		18	0.2%
オーストラリア	19	−1.1%	6	0.7%	3	1.1%	19	0.2%
ベルギー	13	1.2%	18	−0.3%	12	−0.6%	20	0.1%

注1:デンマーク、ポルトガル、オランダ、イギリス、スイスは、このデータ作成時に2012年の数値が未集計だったため、同年単年順位と上昇率は除外し、2009～12年平均の代わりに2009～11年平均を使っている。
注2:ドイツは1990年の数値が不明のため、1990～94年平均の代わりに1991～94年平均を使っている。

（出所）生産性本部『日本の生産性の動向　2014年版』のデータを再構成して作成

図6-3　日本の経済成長率・全要素生産性上昇率推移（1995〜2012年）

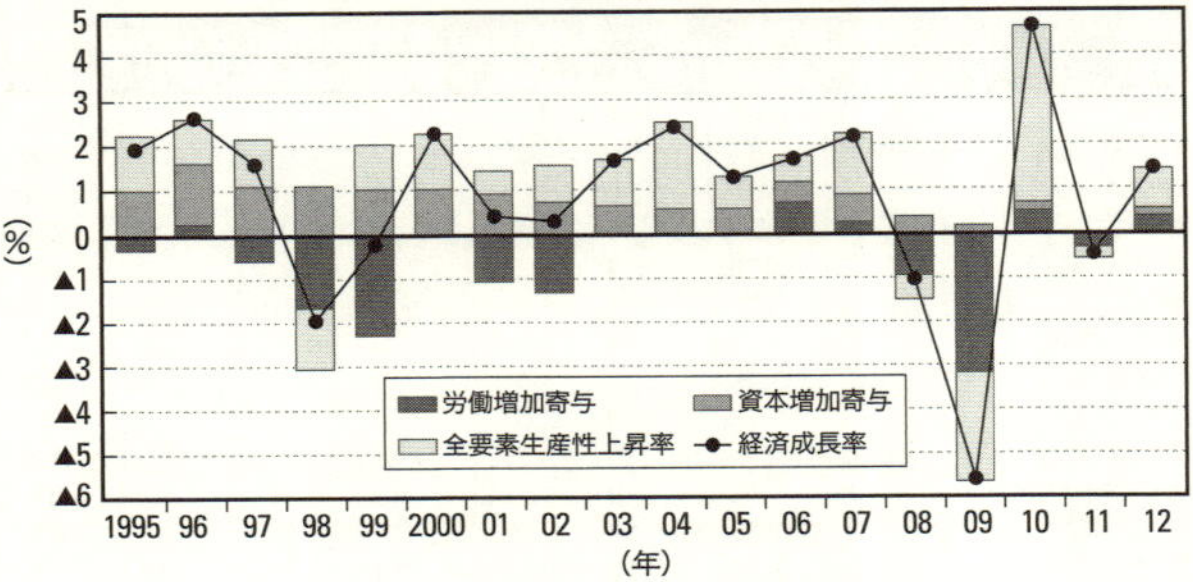

（出所）生産性本部『日本の生産性の動向　2014年版』より引用

日本と、約20年遅れで日本のあとを追ってきたように見える韓国では、全要素生産性の国民経済に対する貢献度という意味では、まったく違う経済です。

日本は高度成長期にも、あまり資本の強蓄積をせず、高い全要素生産性が主導する成長を維持してきました。そして高度成長期を過ぎてからも、ほぼ例外なくGDP成長の3割以上は全要素生産性の上昇が担ってきました。つまり、労働や資本の投入量を増やさなくても、技術進歩や社会インフラの改善によってGDP成長を達成することができる経済なのです。

一方、韓国は資本の強蓄積によって経済成長率を高めてきた国の典型です。1965〜70年にはGDP成長の74％、1970〜75年には59％、75〜80年でも54％が（質の改善をふくむ）資本投入量の拡大で獲得した成長でした。資本投入量に依存した成長となれば、

図6-4　アメリカの経済成長率・全要素生産性上昇率推移(1995~2012年)

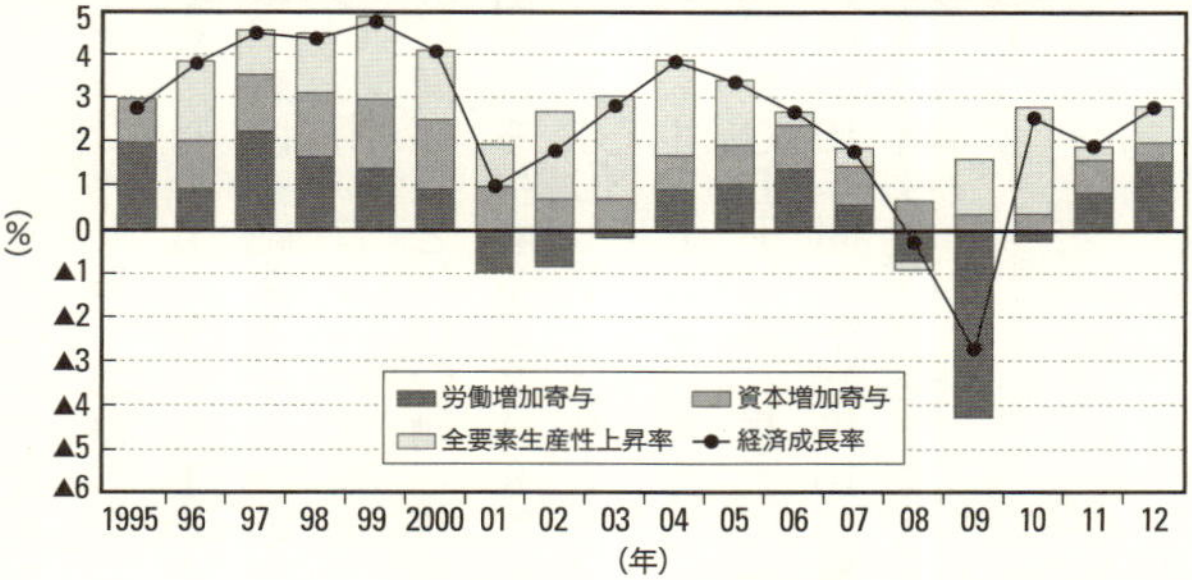

(出所)生産性本部『日本の生産性の動向　2014年版』より引用

どんな分野でも過去の蓄積の大きな企業が圧倒的に有利です。

日本の各業界は寡占化していても、最低限3~4社の対等な競争が続くのがふつうです。それに対して、韓国ではIMFによる金融占領時代以前から、1社が突出する傾向が顕著でした。これは、経済成長自体が資本の投入量に依存するので、各業界のトップ企業による設備投資拡大のペースに、2位以下の同業各社が付いていけないという要因も大きかったことを示しています。

特定の産業全体が1企業グループの盛衰に依存するようになれば、そのグループの経営判断がまちがったとき、産業全体が没落してしまいます。韓国はそろそろそういう時点に差しかかっているようです。その気配は、2009~12年の「平均」全要素生産性上昇率ではトップだったのが、2012年単年で見ると、データの出ていた15ヵ国中で最下位のマイナス2・8％と急落していたことにも表れています。

それにしても、たった1年だけとは言え、全要素生産性がマイナス2・8％という経済には、想像を絶するものがあります。基本的に、科学技術の水準に「退歩」はありません。新しい技術が昔からの技術より効率が悪ければ、使わないだけのことです。つまり、韓国社会は同じ質と量の労働と資本を投入して、同じ技術で生産活動をしても、結果として生み出される生産量が2・8％も減少するほど、社会全体の仕組み、生産インフラや生活インフラが劣化していたのです。

以降、主として日独英米4ヵ国について、1960〜2005年における全要素生産性の向上がGDP成長に果たした役割を検討していきますが、とにかく、日本の実質GDP成長率が10年間の平均で10％近い数値に達し、しかもそのうち約6割は労働や資本の投入量増加に頼らない、全要素生産性の上昇によるものだったことは、まさに空前絶後と言えるでしょう。

日本は技術革新と効率性の追求が両立する国

２００７年４月に刊行された、Ｊ・アマドールとＣ・コインブラの共著論文『Ｇ７諸国での全要素生産性の成長過程――違っているのか、同じなのか？』では、全要素生産性を技術進歩と効率性向上の２つに分解しています。一般論として、技術進歩が顕著な時期には効率性（これは文字どおりの意味での生産過程における効率改善というより、技術進歩とは関係しない社会全体のあり方をひっくるめた指標だと考えたほうがいい）が低下する傾向があります。しかし、日本だけは技術が長足の進歩を遂げた時代にも効率性は低下しませんでした。ここに、日本の１９６０〜70年、65〜75年の実績のすごさがあるのです。

なぜアメリカやイギリスのようなアングロサクソン文明の国では、技術進歩が効率性の低下を呼びやすいのか。それは、たとえば技術進歩によって不要になった人材を、企業が簡単に切ってしまうことが正しい経営のあり方とされているからでしょう。要らなくなった人間をすぐクビにするというのは、部分最適ではありますが、突然失業者が増えるという点で、全体最適ではありません。

そして、ドイツも英米ほど露骨ではないものの、やはり技術進歩と効率性が反対方向に動く傾向があります。技術進歩と効率性向上が手を携《たずさ》えて進む傾向を示しているのは、G7諸国に関するかぎり、日本だけです。

この論文では、技術進歩と効率性向上に加えて、資本の弾力性（資本の投入量が環境の変化にどれだけ機敏に対応しているか）と、規模の利益（まったく同じ投入比率で経営規模を拡大したときに、産出高が投入量以上に増えるかどうか）も点検しています。図表6－5に示すとおりです。

1970～80年代に凋落のいちじるしかったアメリカの技術進歩は、1990年代以降、カネにあかせて世界中から優秀な人材をかき集めることによって、みごとに復活しました。しかしその反面、効率性は大幅に低下しています。貧富の格差が拡大するにつれて、大都市中心部に取り残された貧しい人たちの雇用状況だけではなく、生活環境も悪化し、全要素生産性の足を引っ張っているわけです。

さらに、資本の弾力性を見ると、非常におもしろい構図が浮かび上がっています。資本が最高に敏捷に動くのはイギリスで、これは知識人全体が投資銀行家のような発想をする国ならではの現象でしょう。続いてアメリカとなっており、アングロサクソンの資本は動きが速いのがわかります。

一方、資本の弾力性では最下位争いをしているドイツと日本が、フルラインの製造業を守り抜くという点では、英米より成功しています。これもまた、短期的には素早く動けたほうが得に見えますが、中長期的には、目先の刺激に即応できない鈍重な経営のほうが得だということを暗示しているような気がします。

最後に「規模の利益」についての分析があります。しかし、この呼び方はややミスリーディングでしょう。日本の大企業は、業界首位でも2位や3位とあまり規模が変わらないことが多いですが、欧米の業界首位企業は2位以下を圧倒的に引き離した巨大企業が多い。ここで「規模の利益」と呼ばれている数値が拾っているのは、規模の経済だけでなく、集積の経済と範囲の経済もひっくるめた経済構造のことではないでしょうか。

集積の経済とは、異業種の企業が密集していると、その連携によって画期的な製品やサービス、あるいは製造法が開発されることを示しています。また、範囲の経済とは、大都市でさまざまな商品やサービスを提供する店が増えるほど、それらと客の需要とのあいだにきめの細かいマッチングができることを指しています。

著者たちが「規模の利益」と呼んだものが、実は規模・集積・範囲の経済を総合した数

図6-5　G7諸国の全要素生産性の要因分解（1960〜2005年）

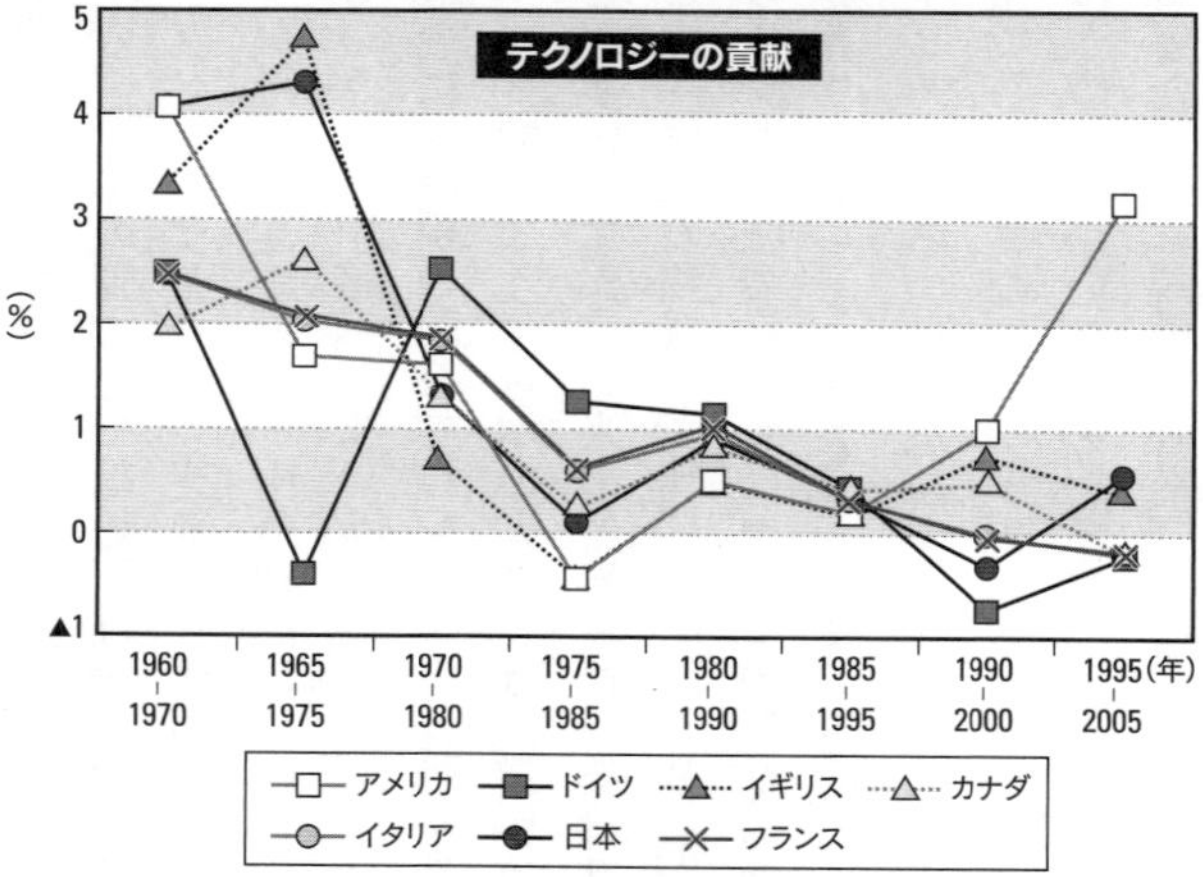

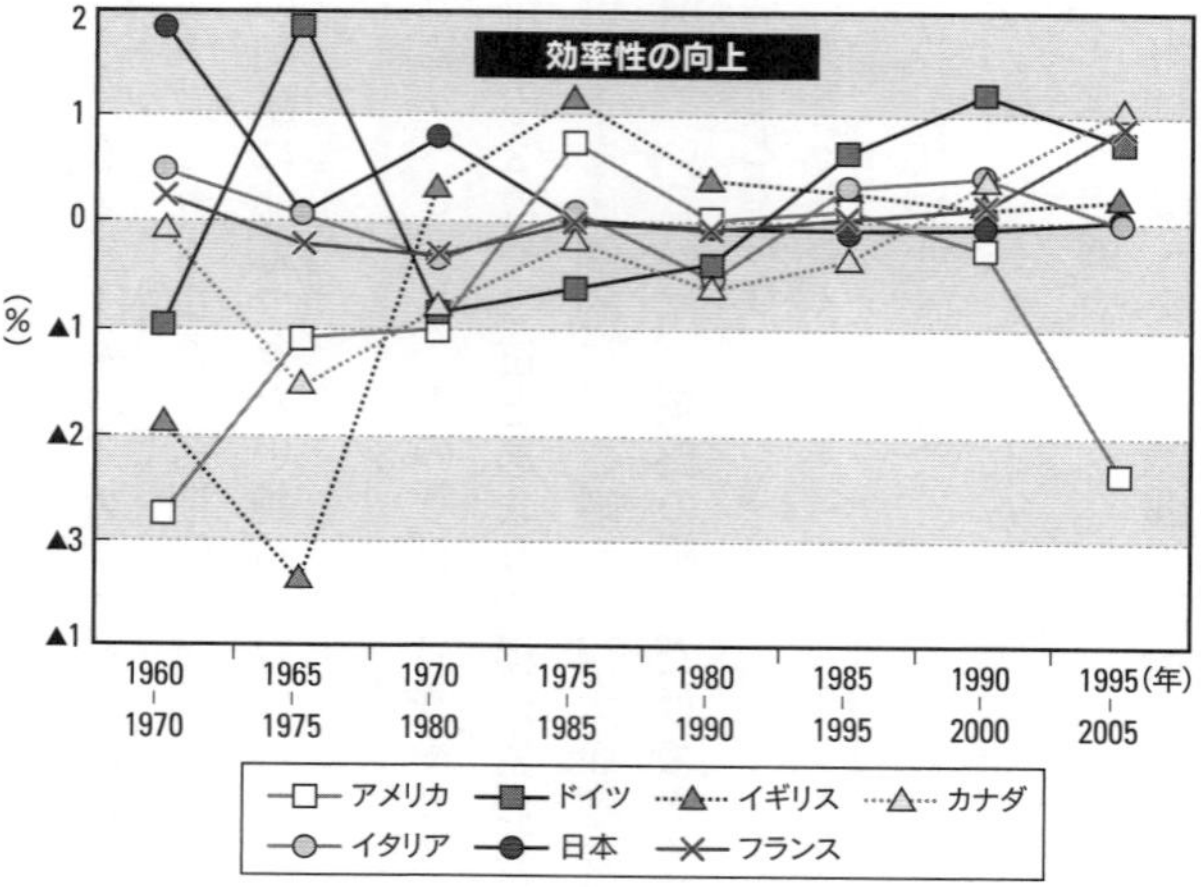

（出所）J. Amador-C. Coimbra、『The Total Factor Productivity Growth in the G7 Countries: Different or Alike?』、2007年4月刊より引用

図6-5　G7諸国の全要素生産性の要因分解（1960～2005年）

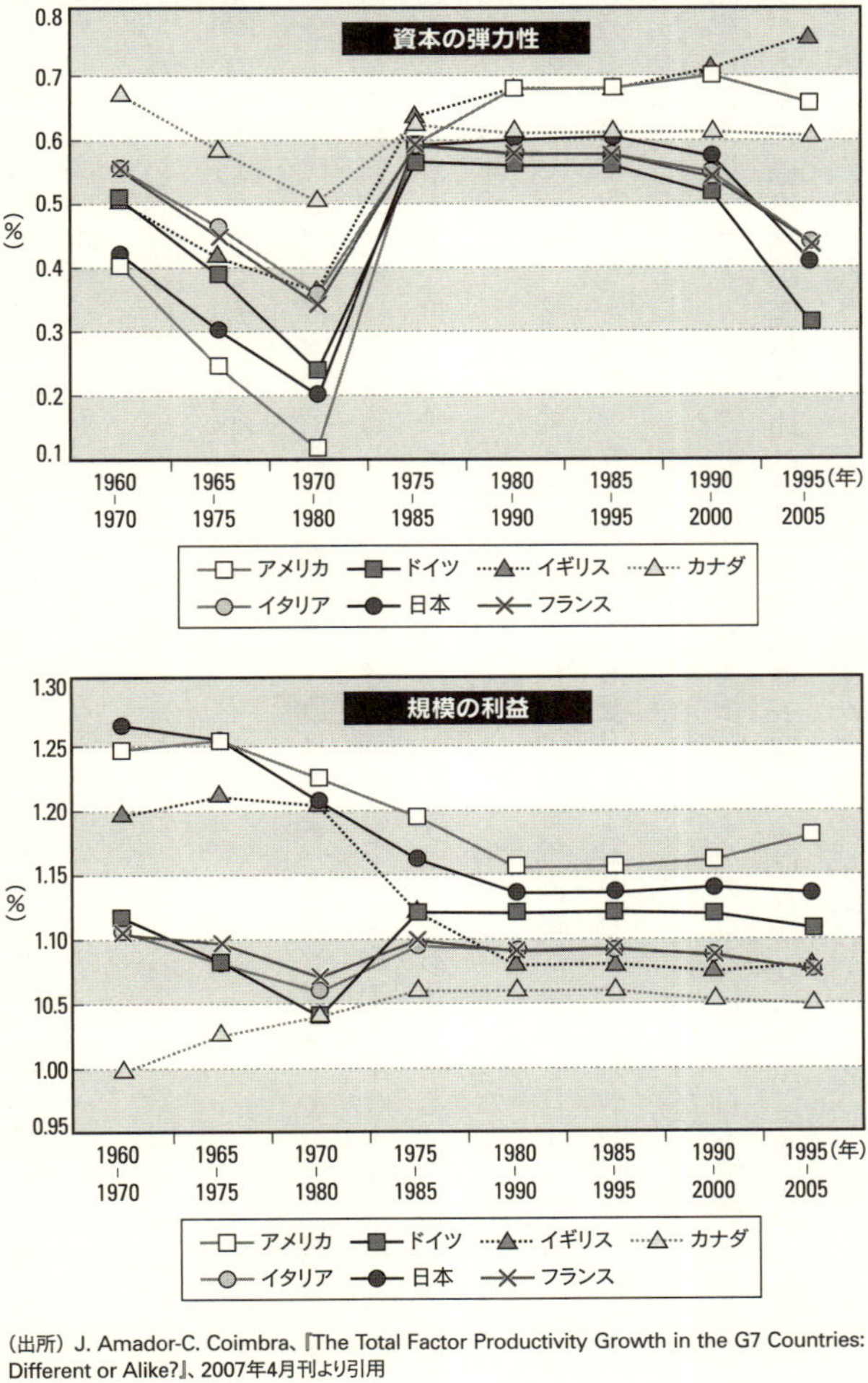

（出所）J. Amador-C. Coimbra、『The Total Factor Productivity Growth in the G7 Countries: Different or Alike?』、2007年4月刊より引用

値を示しているとすれば、日本が1960年代にアメリカを上回り、その後も一貫してアメリカの次に高い水準にあるのは、十分納得できます。

東京以外にも分散した都市圏があることが日本の強み

1970年代までの日本の全要素生産性のGDP成長への貢献度は、まったく他国を寄せ付けない独自の境地にありました。ほかの3ヵ国ではドイツが1970〜80年に2％に接近したことがあるだけで、英米は1・5％に達したことさえありません。それが、日本では1960年代は6％近く、65〜75年は約4％、70〜80年でも2％超の高水準を維持していたのです。反面、2度のオイルショックによって資源価格が高騰した1975〜85年のような時期には0％ギリギリまで落ち、1990〜2000年の失われた10年にはマイナス成長になっていました。

簡単に言えば、オイルショックや中国の資源浪費バブルのころには、日本経済は苦戦します。とくに輸出品の価格に比べて、どうしても買わなければならないエネルギー資源、金属資源、食料品の輸入価格の高騰が、全要素生産性の成長に対する重荷となるのです。

しかし、過去の日本経済は、そういうときにこそ輸出品の技術的な差別化を進め、高くても売れるものを売ることで、積極的に円高を招いてきました。この円高が、ほかの資源輸入国に比べて、交易条件の悪化を小さくとどめることに貢献してきたのです。

ここでもう一度、単純に工場の規模などを比べるとアメリカに太刀打ちできるとは思えない日本の「規模の利益」がなぜそれほど高かったのかという問題を、もうすこしくわしく検討してみましょう。日本の特徴は、世界中でいちばん、人口規模で第2位以下の大都市圏が大きく、また生活・生産インフラが充実していることです。

東京圏の人口が全国の約4分の1というのは、もちろん突出して高いので、そこに目を奪われがちです。しかし、大阪・京都・神戸を3つの核とする近畿圏も全人口の約9％を占めています。これは世界中どこに出しても、人口首位都市圏になっておかしくない大都市圏です。また、名古屋圏、広島圏、福岡・北九州圏、仙台圏、札幌・小樽・函館圏、金沢圏、新潟圏と地方の中核となる都市圏が、それぞれきちんとした社会インフラを備えて存在しています。

イギリスのロンドンやフランスのパリは、全国の経済活動に占める比重が突出して高く、明らかに英仏は一極集中の弊害が顕著な国民経済です。それに比べると、日本には、はるかに分散した大都市圏が広がっています。これからのサービス業主導の経済では、経済成長率の高低は、国民がどれくらいひんぱんに大都市圏で買いものをでき、住もうと思えばあまり問題なく大都市圏に住めるかに依存します。

製造業にとって中心的な課題である品質の高低や、小売業における値段の高低は、直線の上に目盛ることのできる単純な評価基準です。だから、大規模化の利益も出やすい。ところが、サービス業の中心となる企業の経営課題は、客の趣味に合うかどうかなのです。これは、直線や平面の上に簡単に目盛ることができる評価基準ではありません。大規模化によって利益が出るより、利益を失うことが多いやっかいな基準です。市場で試行錯誤を重ねる以外に、最適解を求める方法はありません。

そこで非常に重要なのが、平和で安全で清潔な狭い場所の中に、同じようなサービスを売る店がひしめき合っているという環境です。つまり、客が歩き回りながら比較ショッピングをすることができる場所がどのくらいあるかということです。これはもう圧倒的に人口規模の大きな大都市圏ほど有利です。

人口規模の大きさがどのくらい全要素生産性向上に貢献しているかという実証研究の結果が、２０１５年１月22日付の日本経済新聞「経済教室」欄に掲載されました。製造業というのは、あまり立地にこだわらない業種ですが、それでも人口規模が2倍の場所にある事業所は2%近く生産性が上がります。そして小売業は約4%、狭義のサービス業にいたっては、14%も上がるのです。狭義のサービス業とは、かんたんに言えば、第三次産業のうちで卸売り・小売り、不動産、金融・保険以外の全セクターと考えていただいて結構です。具体的には、余暇接客、維持補修、興行、医療保健、教育、法律、会計などの分野です。

こういう多種多様な分野を総合して、人口規模が2倍の市区町村にある事業所は、全要素生産性が14%も高まるのです。製造業の2%前後や小売りの4%程度の差なら、企業努力で克服できるでしょう。しかし、14%の差は、個別企業の創意工夫ではなかなか埋めることのできない大きな差です。つまり、こうした分野の事業がどんどん大都市圏に集中するのは、経済効率が高いからであって、それを法人税の割引というような姑息な手段で地方に分散させようとすれば、経済全体を非効率にするのは分かりきっているのです。

ただし、それは東京圏ひとり勝ちという意味ではありません。一定の規模を持った都市集積があれば、ビジネスチャンスを生かして大都市圏以外でも高い成長率を維持することはできます。日本列島全体に比較的大きな人口集積を持つ都市圏が分散していることが、日本経済の全要素生産性の高さを支えてきたのです。

外国人労働者や移民の受け入れをどう考えるか

そして、これからのサービス業主導の世界でも、平和で安全で清潔で機能的な社会インフラを維持できるかぎり、日本経済の全要素生産性の高さという利点は維持できます。ただし、低賃金でこき使える労働力を増やして企業利益率を高めようという風潮に便乗して、外国人労働者や移民の大量受け入れなどという愚策を採用したら、この利点は維持できないかもしれません。

外国人労働者・移民の受け入れには、2つ大きな問題があります。1つ目は、どんなに用心しても、主要な受け皿となる都市圏での人種・民族・宗教的な対立や摩擦が激化して、雰囲気がすさむことです。同じような福祉大国だったスウェーデンとノルウェーは、この外国人労働者・移民の受け入れをめぐって、完全に明暗が分かれました。積極的に導入したスウェーデンの都市圏は荒廃し、ほとんど受け入れなかったノルウェーの都市圏は平和で落ち着いた雰囲気を保っています。

２つ目の問題点は、消費刺激効果です。一般論としては、所得の低い階層ほど消費性向が高いので、この層が稼ぐ所得は経済活性化への貢献度が大きくなります。しかし、外国人労働者や移民は、本国への送金や子弟の教育のために貯蓄を重視した家計を維持する傾向が強く、あまり消費の活性化につながりません。

これからは資源価格が下がる日本にとって非常に有利な時代になります。それなのに、円安政策でその利点を辞退するというのは、愚の骨頂というほかありません。決して東京一極集中ではなく、全国の分散した都市圏同士がし烈な接客競争をくり広げているのも、サービス業主導の経済にとってはかけがえのない無形資産です。

資本の自己増殖する意思が勝つか、市場の自己調整能力が勝つか

資本主義とは、「企業の利益率向上が経済発展を促進する。だから、企業の利益率は高ければ高いほど良く、国民経済における資本蓄積のペースも、速ければ速いほど良い」という考え方のことです。しかし、この発想は、完全に世界経済史の発展と背反しています。また、アダム・スミスが『国富論』で指摘したとおり、それぞれの時代にもっとも繁栄し

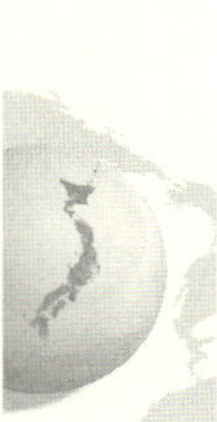

ていた経済圏で得られる利益率は最低水準で、遅れた地域のほうが高い利益率を得やすいという歴史の教訓とも、まっこうから対立しています。

アダム・スミスは「スペインとイギリスを比べれば、スペインのほうが利益率は高く、イギリスとオランダを比べれば、イギリスのほうが利益率は高い。遅れた地域のほうがまだ利用されていない高収益の事業機会を発見しやすいのに対して、発展した国ではかんたんに高い利回りが取れるような事業機会はだれかがすでに利用している。また、企業間の競争によって平均的な利回りも低下するからだ」と書いています。

さらに、経済発展の遅れた社会では、豊富に存在する労働力に比べて、社会全体に存在する資本の量が少ない。だから、この貴重な資本を利用するために、企業家が支払う金利も高くなります。発展した社会では、労働力の希少性が高まる半面、資本は豊富に蓄積されています。だから、企業家があまり高い利回りを約束しなくても資本を呼び寄せることができます。

主導的な産業分野が製造業からサービス業へと転換していることも、利益率の低下を意味します。重化学工業の大規模化には巨額の設備投資が不可欠でした。その資金を受け入れるために、企業家は高い利回りを約束することが多かったのです。設備投資競争で他社に勝って、大規模生産による市場シェアの拡大を達成できれば、その設備投資のための借入金や社債の高金利は十分まかなってお釣りがくるからです。

しかし、サービス業は、一般的に製造業のような巨大な生産装置を必要としません。大規模化は、他社との競争に勝ち抜くために重要な要因ではありません。大きな入れものの中で画一的なサービスをするより、小さくても特定の客の趣味や嗜好にぴったり合ったサービスを提供できる企業のほうが、利益率の高い商売をしています。企業規模と収益性の高さは、あまり高い相関性を持ちません。いちばん重要な原材料は、特定の商品や天然資源ではなく、従業員の気配りや心遣いなのです。これは、大量生産によって安くつくりだせるものではありません。

さらに、GDPに対する労働の取り分が減り、資本の取り分が増えるにつれて、消費性向の低い大金持ちの所得ばかりが伸びて、消費性向の高い中低所得層の所得が伸びなくなります。結果は、慢性的な過少消費・過剰貯蓄による経済活動の沈滞、収縮です。「それなら個人家計の代わりに国が借金をして消費を拡大してやる」というケインズ政策は、一度としてうまくいかず、国家債務を延々と拡大するだけでした。結局、過少消費・過剰貯蓄問題に対する抜本的な解決策は、資本の取り分を減らすこと、すなわち企業利益率の低下しかないのです。

「そんなことをしたら、世界中の資本が生産過程から引き上げられて、人類全体が食べていけなくなる」というような大げさな脅し文句を言いたがる人も多くいます。しかし、これはまったく事実と反しています。

資本はどんなに低い利益率だろうと、生産過程に投下されることによって利益を生み、その利益を取りこんで自己増殖することを宿命づけられた存在なのです。この自己増殖する意思そのものが資本の本性なのであって、利益率が低すぎるから生産過程から離脱するなどというぜいたくな選り好みをする余地はありません。利益率全般が低ければ、低いなりにその中で最高の利益率を目指して動き回るだけのことです。

ありとあらゆる点で、これからますますサービス業の比重が高まる経済は、企業利益率が低下する経済となることが予想されます。それは、働く意志と能力を持った人はほぼ全員働き、資産運用の利益で食っていける人の数は激減する社会になるということです。しかし、世界中でほとんど唯一、この自然な流れに逆行しているのが、アメリカ経済です。

資本の論理ではなく市場の原理こそ重要

アメリカだけは、１９７０年代以降、企業利益率が趨勢として上昇しています。しかし、その中身を見ると、決してあらゆる産業部門で利益率が上昇しているわけではありません。金融部門とハイテク部門の２分野だけが、延々と利益率を高めてきたのです。このうち、金融業界の高い利益率が「儲かっているうちは民間企業、損失が出たら国有企業」というとんでもないご都合主義で達成されていることはすでに説明したとおりです。他方で、ハイテク産業となると、すばらしい技術革新の成果を次々に市場に投入することで利益率の高さを維持しているのではないかという幻想に陥りがちです。

たしかに、ハイテク産業で名もない新興企業が大企業にのし上がる過程では、技術革新によってライバル各社の製品を圧倒したり、ときにはまったく新しい市場をつくり出したりする、まさにアメリカン・ドリームを体現するようなケースもあります。しかし、そういう華々しいデビューを飾ったあと一流企業に成長した企業を見ると、特定分野で圧倒的に高い市場シェアを獲得することによって価格支配力を握り、長期にわたって高収益を維

持していることが多いのもまた事実です。

寡占産業の中でも、首位企業の市場シェアが突出して高い業界をガリバー型寡占と呼びます。アップル、マイクロソフト、インテル、アマゾンといった企業群は、どれも自分の得意分野で事実上の独占的な価格支配権を握った「一芸ガリバー」と呼ぶべきでしょう。これもまた、もし独占禁止法の趣旨に忠実な法律制度の運用がされていたら、当然摘発され、価格支配権を握れない程度の規模に分割されていたはずの企業群です。

結局のところ、アメリカの高い企業利益率は、金融業とハイテク産業大手を不自然な介入によって国が守ってやっているからこそ成立している状態なのです。そして、その弊害は、2009年春以来、丸6年「景気回復」が続いても、勤労世帯実質収入の中央値（収入順に並べたとき、ちょうどまん中にくる世帯の収入）がどんどん下がっていることに表れています。

この解決策は、こみいった工夫が必要なわけではありません。市場の自己修正能力を信じて、どんなに大きな金融機関や一流企業でも、弁済できないほどの損失を出したら恐れずに、例外なく潰すことです。そして、価格支配力を持つほど大きな市場シェアを握った大企業は、分野を問わず分割する。「大企業だから」という理由で特別待遇をするのではなく、大企業にこそきびしい監視の眼を向けるべきなのです。

世界中の勤労大衆は大企業が何十社、何百社と破綻しても、経済全体としては「平常通り営業中」となることを本能的に知っています。「そんなことをしたら世界中で経済活動が途絶し、生活を維持できない人が何千万人、何億人と発生する」などと泣き言を言うのは、介入主義経済を支持する、経済学者を中心とする知的エリートだけです。

資本主義は死滅し、資本の論理が暴走することはなくなりますが、市場の原理はますますきびしく企業同士を競争させます。そして、市場にはつねに競争の原理が働いているので、一握りの大企業が特権的な地位を利用して高い利益率を守り続けることなどできなくなります。さらに、この競争原理が、まじめに働く勤労者には生産性上昇分の所得向上が行きわたることを保証するのです。

やみくもな自己増殖に突っ走る資本の論理は、確実に勤労者を疲弊させ、経済全体の縮小再生産につながります。それに対し、市場の原理は、個別企業としては最大限の利益を求め続ける企業群が、お互いに競争せざるを得ないので、徐々に企業利益率が下がっていく社会をもたらします。しかし、企業利益率の低い経済のほうが、中下層の勤労者の所得が高まるため消費が活性化し、成長率も高くなるのです。

日本は、製造業・金融業主導の経済からサービス業主導の経済への転換で先頭に立つでしょう。そして、資本主義から本来の市場経済への転換でも先頭に立つはずです。超富豪レベルの莫大な資産を持つ個人が少なく、ガリバー型寡占によって事実上独占化してしまった産業分野も少ないからです。

日本経済復活のカギを握るのは、国民が勤労倫理の高さを保ち続けること

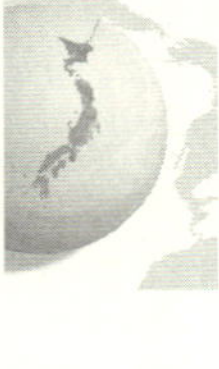

日本経済が今後の世界規模での金融市場大動乱を勝ち抜き、世界の先頭に立つ根拠は、前章で見た大富豪クラスの愚鈍さとともに、大衆の勤労倫理が損なわれていない点にもあります。そのへんの事情は、まず次に紹介する一見奇妙なグラフをご覧いただくところから、説明していきます。

プロビットとは、アンケート調査などで収集した定性的な情報を数値化して計量分析する手法のことです。ここでは、１９５８～２００７年という長期間にわたって、日本国民が自分たちの生活についてどの程度満足していたのか、それとも不満だったのかを描いています。

図6-6　日本の生活満足度と1人当たりGDP推移（1958～2007年）

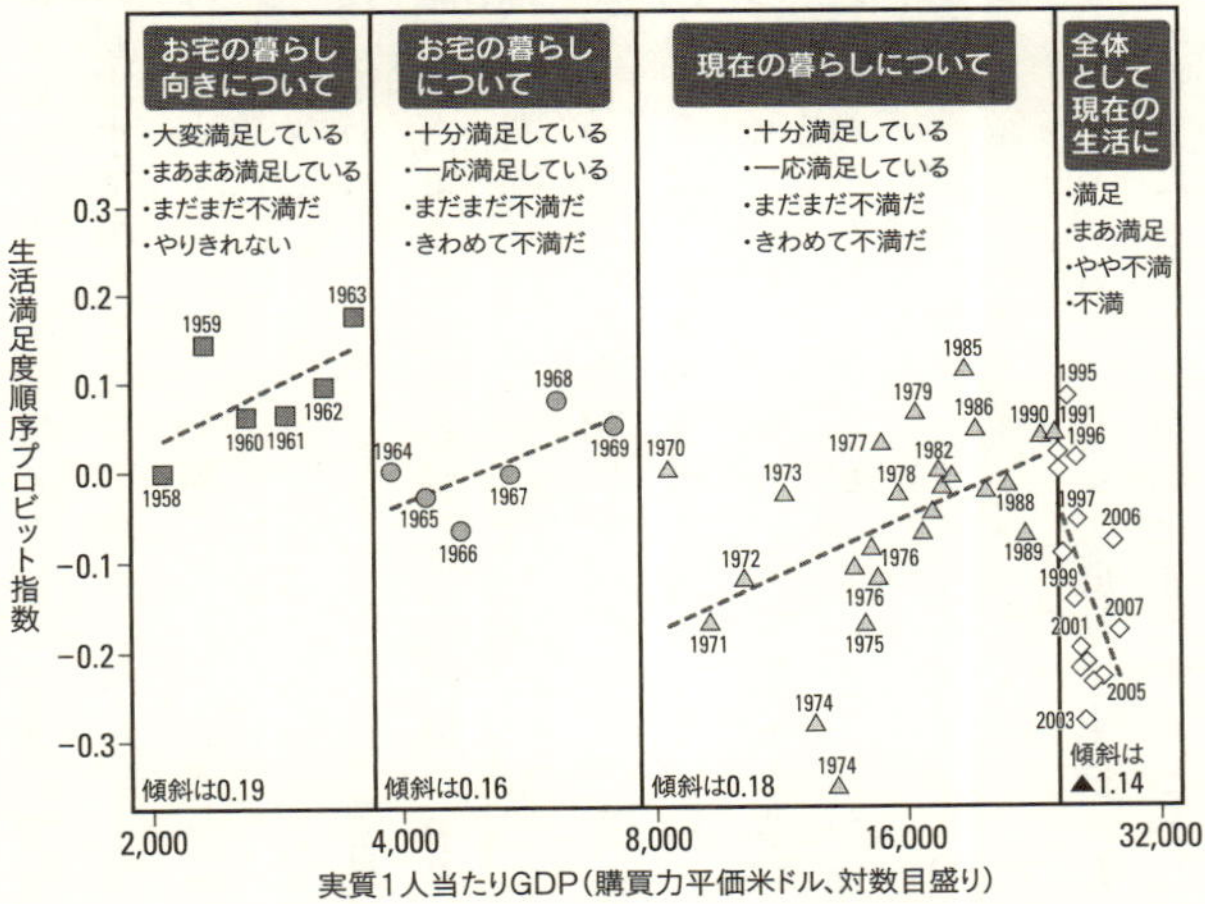

（出所）Betsey Stevenson & Justin Wolfers、『Economic Growth and Economic Well Being: Reassessing the Easterlin Paradox』、NBER Working Paper Series、2008年8月4日刊行論文より引用

1958～91年では、設問の変更とともに断絶はありますが、基本的に1人当たりのGDPが増えるにつれて、満足度は上がるという当たり前の結果が出ていました。ところが、1992～2007年では、1人当たりGDPは低成長とはいえ上昇しているのに、生活満足度は下がるという不思議な結果が出ています。

　これについては、私も昔考えたことがあって、『格差社会論はウソである』（2009年、PHP研究所）という本で「日本人はあまりにも長いこと高度成長に慣れ過ぎていたので、年率わずか0・9％程度の低成長に減速すると、生活実感としてはまるでマイナス成長のように感ずるのだろう。しかし、この要求水準の高さは、不満をエネルギー源とする成長に貢献するはずだから悪いことではない」という一応の結論を出していました。

しかし、ここに引用した論文の中で、この謎がみごとに解決されていることを発見しました。それは、「1人当たりGDPだけを見ていると、成長が続いているのに生活満足感が低下したように見えるが、先進諸国の中でもまれに見る低い失業率を維持してきた日本では、失業率がほかの先進国とほぼ同水準に上がっただけでも、非常に満足度が低下する。だから、一見逆説的な結果が出たのだ」ということです。

図6－7は、日本の実質1人当たりGDPの年間成長率を示しています。年率9・4％から始まって、12・8％という驚異的な水準へとさらに上昇したのち4・1％へ、そして直近では0・9％まで下がっていることが分かります。一方、失業率のほうは、かなり長期間ほぼ一貫して1～2％台だったのが、1990年代半ばから2000年代初頭にかけて3～5％台へと急上昇しています。

そして図6－8は、まるで魔法でも使ったようなみごとな分析と言えるでしょう。設問内容の変更にともなう断絶を補正するとともに、失業率をモデルに組みこむことで、成長

図6-7　日本の1人当たりGDPと失業率推移（1958〜2007年）

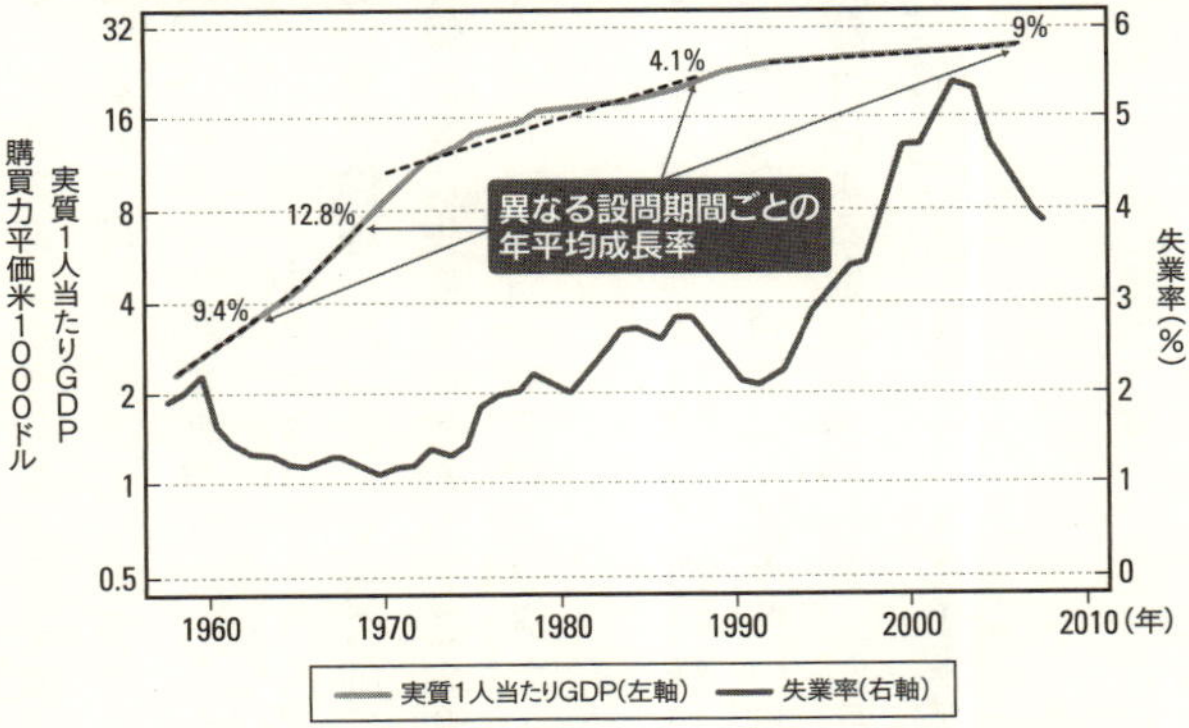

（出所）同所より引用

図6-8　日本の1人当たりGDPと失業率推移（1958〜2007年）

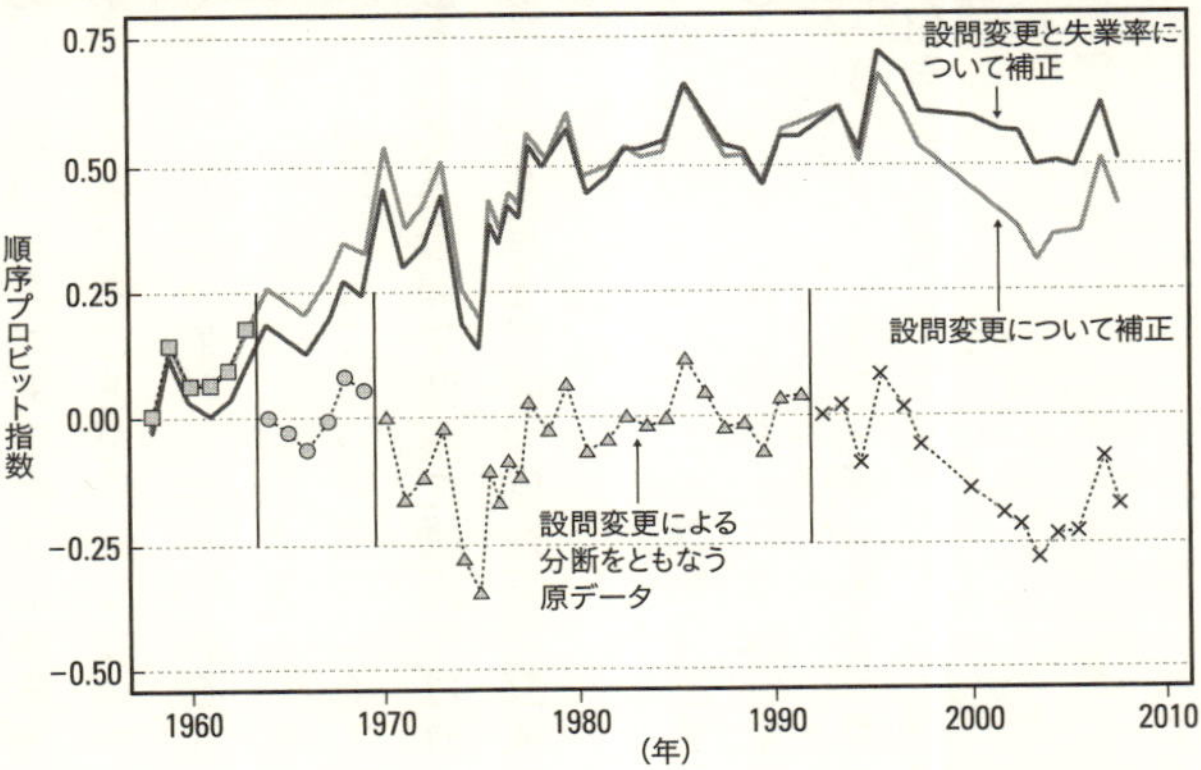

（出所）同所より引用

率がプラスであるかぎり生活満足度は上がるものの、その一方で失業率が上がると自分も失業するのではないかという不安から、生活満足度が下落することを実証しています。つまり、日本人は生活水準自体の向上もさることながら、自分が働けることの喜びを非常に高く評価する国民性を今も持っているということです。

この勤労倫理の高さは、聖書の創世記に「エデンの園にいたころのアダムとイブはまったく働かずに生きていけたが、この楽園から追放されてから額に汗して働かなければならなくなった」と書かれているユダヤ・キリスト教的な世界観とは真っ向から対立するものです。

そして、サービス産業主導の経済でより大きな成功を収めるのは、資産格差拡大型の欧米文明ではなく、資産格差縮小型の日本文明でしょう。もちろん、そこには強引な政府・中央銀行による金融市場への介入が長期にわたって持続して、日本も資産格差の大きな社会に変質してしまわないという重要な留保条件が付きますが。

おわりに

世界経済史の概説書にしては随分戦争が経済に果たしてきた役割の大きさを強調した論旨にお気づきになったでしょう。ただ、「戦争こそ技術革新、経済規模拡大の原動力だ。戦争抜きでは経済は進歩しない」といったいわゆる戦争史観とは一線を画しています。

私はこれまで戦争が経済発展に果たしてきた役割が功罪ともども重要だったからこそ、21世紀の諸国民は戦争に依存しない経済の構築に踏み出せると確信しています。最大の理由は、資源に対する依存度の高い経済ほど、資源を確保するための戦争という誘惑にかられがちですが、現代経済は着実に「モノ離れ、資源離れ」に向かっていることです。

自分たちの労働以外にはほとんど売るモノがない極端な資源貧乏状態から国民経済を成長させてきた日本は、世界中でモノ離れが進むほど有利になります。これからは、私たちが「掘って売るだけで収益になるモノがいっぱい埋まった国土でうらやましい」と思っていた資源国が没落し、労働力以外にはほとんど資源を持たない日本のような国が、だからこそ限られた労働力を有効に使う方法を工夫して隆盛する時代になるからです。

サービス業優位の時代には、企業でも国民経済でも最適規模が製造業優位の時代より小さくなりそうです。モノづくりと違って、気配りや心遣いは大量生産すれば安くなるわけではないからです。ただ、小さければいいわけでもなく、狭い場所に同じような業態の店がひしめきあっている大都市圏中心部の高密性は重要です。その意味でも、大都市中心部が荒廃したアメリカの落日は止めようがないでしょう。一方、安全で豊かで清潔な人口密集地帯が全国各地の主要都市に広がっている日本の繁栄には、太鼓判が押せると思います。

きびしい日程で前半口述の書き起こしをしていただいた常井宏平さん、雄大な企画を立てていただいた編集の依田弘作さんにお礼を申し上げます。

ナポレオンの百日天下に驚いたウィーン講和会議参加諸国の泥縄講和が、その後1世紀も続く平和を招いた1815年から200年、すぐ終わると思っていた第一次世界大戦が長期戦の様相を示したことに愕然とした1915年から100年の、

2015年5月中旬の吉き日に

増田悦佐

著者略歴
増田悦佐（ますだ・えつすけ）
1949年、東京都生まれ。1973年一橋大学経済学部卒業。1975年、ジョンズ・ホプキンス大学修士号取得、1981年ジョンズ・ホプキンス大学大学院経済学部・歴史学部博士課程単位取得。ニューヨーク州立大学バッファロー校助教授を経て帰国し、帰国後は証券会社（ユニバーサル証券、ソロモン・ブラザーズ・アジア証券）でアナリストとして活動。建設・住宅・不動産業界を担当する。その後、HSBC証券東京支店調査部シニア・アナリストを経て、2005年からJPモルガン株式調査部シニア・アナリスト（不動産、建設、住宅業界担当）、2007年にJPモルガン退社後、2008年よりジパング入社、2010年より同社経営戦略本部シニアアナリスト。
評論家としても知られ、証券アナリストの視点からの経済評論のほか、日本文明と欧米文明の比較を主題とした評論にも力を入れている。近著に『城壁なき都市文明 日本の世紀が始まる』（NTT出版）、『ピケティ「21世紀の資本」を日本は突破する』（ビジネス社）、『戦争とインフレが終わり激変する世界経済と日本』（徳間書店）などがある。

SB新書　304

不確実《ふかくじつ》な未来《みらい》を
生《い》き抜《ぬ》くための「経済史《けいざいし》」

2015年6月25日 初版第1刷発行

著　者：増田悦佐
発行者：小川 淳
発行所：SBクリエイティブ株式会社
〒106-0032　東京都港区六本木 2-4-5
電話：03-5549-1201（営業部）

装　幀：ブックウォール
執筆協力：常井宏平
組　版：米山雄基
印刷・製本：図書印刷株式会社

落丁本、乱丁本は小社営業部にてお取り替えいたします。定価はカバーに記載されております。
本書の内容に関するご質問等は、小社学芸書籍編集部まで必ず書面にてご連絡いただきますようお願いいたします。

ISBN 978-4-7973-8289-1